Bernhard Stentenbach

Wieder fit
in
Französisch

Grammatik, Wortschatz und Wendungen
zum Auffrischen

smf

2., veränderte Auflage

smf-buch
sicher in modernen Fremdsprachen

Copyright © 2012 Bernhard Stentenbach, Langenfeld
Umschlaggestaltung: Martin Niggemann, Münster
Herstellung und Verlag: Books on Demand GmbH, Norderstedt
Printed in Germany
ISBN 978-3-8448-0739-4

Vorwort

Liebe Leserin, lieber Leser,

Wieder fit in Französisch wendet sich an alle, die ihre früher erworbenen Grundkenntnisse in Französisch wieder auffrischen und verbessern wollen. Es ist ein Intensivkurs, der für Selbstlerner konzipiert wurde. Wesentliches Lernziel ist eine sichere Sprachverwendung in aktueller Kommunikation und Smalltalk.

In 20 relativ kurzen Kapiteln wird die Grundgrammatik in Verbindung mit einem Grundwortschatz von 1.200 Wörtern und zahlreichen häufig gebrauchten Wendungen im Hinblick auf ihre praktische Anwendung behandelt.

Jedes Kapitel besteht aus fünf Seiten und weist eine klare Gliederung auf: Textteil – Wortschatzteil – Grammatikteil – Übungsteil.
Der Textteil bietet zu zwei aktuellen Themen bzw. Situationen eine Reihe von kommunikativ wichtigen Sätzen (französisch-deutsch), in denen die neue Grammatik angewandt wird.
Der Wortschatzteil enthält die wichtigsten Wörter, Ausdrücke und Wendungen, die man benötigt, um sich im Gespräch über die betreffenden Themen bzw. in den jeweiligen Situationen verständlich zu machen. Darüber hinaus bietet das Sachregister eine Übersicht über die behandelten Themen und Situationen.
Der Grammatikteil enthält eine kurze übersichtliche Darstellung von jeweils zwei bzw. drei grammatischen Bereichen. Alle französischen Beispiele sind ins Deutsche übersetzt. Die knappen Regeln sind einprägsam formuliert und unterstützen somit den Langzeiteffekt des Lernens. Ein Grammatisches Register im Anhang erleichtert das gezielte Auffinden der einzelnen grammatischen Bereiche.
Der Übungsteil besteht aus zwei Übersetzungsübungen, in denen man die Beherrschung der jeweiligen grammatischen Erscheinungen sowie des entsprechenden Themenwortschatzes testen kann. Auch bei diesem Sprachtraining steht die kommunikative Ausrichtung im Mittelpunkt. Die Lösungen zu den Übungen befinden sich im Anhang.

Wieder fit in Französisch ist als Schnellkurs so konzipiert, dass man in kurzen Etappen rasche Erfolge erzielt. Nach seinem Abschluss hat man auf rationelle Weise eine solide Grundlage an Grammatik, Wortschatz und Wendungen erworben, die eine relativ mühelose Sprachverwendung in Gesprächen über aktuelles Leben ermöglicht.

Wer seine Grammatik- und Wortschatzkenntnisse sowie sein Ausdrucksvermögen noch weiter vertiefen will, findet im Grammatik- und Wortschatzteil der einzelnen Kapitel entsprechende Verweise:
FGS: *Französische Grammatik fürs Sprechen,*
WGF: *Wortschatz für gutes Französisch,*
RFS: *Richtig Französisch sprechen.*

Ich bin überzeugt, dass Ihnen *Wieder fit in Französisch* eine große Hilfe für ein rationelles Auffrischen und Verbessern Ihrer Französischkenntnisse und eine souveräne Beherrschung der französischen Sprache sein wird.

Ihr

Bernhard Stentenbach

Abkürzungen:

Adj.	Adjektiv
Adv.	Adverb
dt.	deutsch
f.	*féminin*
Fem.	Femininum
frz.	französisch
m.	*masculin*
Mask.	Maskulinum
p.c	*passé composé*
Pers.	Person
Pl.	Plural
Präs.	Präsens
qc	*quelque chose*
qn	*quelqu'un*
Sg.	Singular
Sing.	Singular
subj.	*subjonctif*

Inhalt

1   Artikel – Fragesatz – Grundzahlen   7
     Erster Kontakt – In der Stadt

2   Verben auf *-er* – Verneinung – Teilungsartikel –   13
     Mengenangaben – Konstruktion *ne ... pas de*
     — [*faire, aller, boire*]
     Sport und Fitness – Essen und Trinken

3   Possessivbegleiter – Verben auf *-ir* (Typ *finir*) –   18
     Verben auf *-re* (Typ *attendre*)
     — [*avoir, être, vivre*]
     Familie – Kinder

4   Adjektiv – Verneinung beim Verb + Infinitiv   24
     — [*pouvoir, vouloir*]
     Berufs- und Arbeitswelt – Arbeitsmarkt

5   Passé composé – Stellung des Adjektivs   29
     — [*partir, sortir, venir*]
     Freizeit – Reisen

6   Personalpronomen (I) – Futur composé   34
     — [*offrir, prendre, suivre*]
     Gesund leben – Gastgeber sein – Im Restaurant

7   Steigerung des Adjektivs – Interrogativbegleiter   39
     — [*devoir, réduire, suffire*]
     Gesellschaftliche Probleme – Umwelt und Energie

8   Adverb: Bildung, Stellung und Steigerung   44
     — [*dire, croire, savoir*]
     Pesönlichkeit – Menschliche Beziehungen

9   Reflexivpronomen – Frage nach Personen und Sachen   49
     — [*dormir, se sentir, voir*]
     Unwohlsein – Krankheit – Unfall

10   Konditional I – Demonstrativbegleiter   54
     — [*écrire, ouvrir, mettre*]
     Im Hotel – In einem Haus / Ferienhaus

11 Futur I – Indefinitbegleiter *tout* 59
— [*lire, envoyer, recevoir*]
Computer und Multimedia – Handy, Telefon, Fax

12 Imparfait – Ordnungszahlen 64
— [*connaître, souffrir, plaire*]
Wohnen in der Stadt – Wohnen auf dem Land

13 Adverbialpronomen *y* – Personalpronomen (II) 69
— [*conduire, tenir, paraître*]
Aufenthalt in einer Stadt – Einkaufen

14 Adverbialpronomen *en* – Plusquamperfekt – Uhrzeit 74
Privates Essen mit Franzosen – Geld

15 Bedingungssatz – Relativpronomen 79
Tägliches Leben – Auto und Verkehr

16 Indirekte Rede – Datum 84
— [*falloir, pleuvoir*]
Bus, Bahn und Flugzeug – Wetter und Klima

17 Subjonctif: Bildung und Gebrauch 89
Gesellschaftliche Probleme – Terrorismus und Gewalt

18 Possessivpronomen – *lequel* (I) – Imperativ 94
Sprachkontakte I: Bitten, Helfen
Sprachkontakte II: Vorschlagen, Raten

19 Konditional II – Gérondif – *lequel* (II) 99
Sprachkontakte III: Meinung, Stellungnahme
Sprachkontakte IV: Freude, Bedauern, Sorge

20 Demonstrativpronomen – Passiv – Futur II 104
Sprachkontakte V: Argumentation
Sprachkontakte VI: Telefonieren

Anhang   **109**

Übersicht über die wichtigsten unregelmäßigen Verben 110

Lösungen zu den Übungen 118

Grammatisches Register 125

Sachregister 128

1 Artikel, Fragesatz, Grundzahlen

Erster Kontakt

Bonjour. Comment allez-vous?
Guten Tag. Wie geht es Ihnen?

Ça va? – Ça va bien, merci.
Wie geht's? – Mir geht es gut. Danke.

Au revoir. A demain.
Auf Wiedersehen. Bis morgen.

In der Stadt

Pardon, Monsieur/Madame, pour aller à la poste, s'il vous plaît?
Entschuldigen Sie, wie komme ich bitte zur Post?

Où se trouvent les toilettes, s'il vous plaît?
Wo befinden sich die Toiletten?

Est-ce qu'il y a un distributeur de billets près d'ici?
Gibt es hier in der Nähe einen Geldautomaten?

Je cherche l'Hôtel Europe. C'est loin? – C'est 150, rue du Musée.
Ich suche das Hotel Europa. Ist das weit? – Das ist Museumsstr. 150.

Il y a un bus pour aller au centre ville / à la gare?
Gibt es einen Bus zum Stadtzentrum / zum Bahnhof?

Où se trouve l'arrêt du bus 75?
Wo ist die Bushaltestelle der Linie 75?

Quand passe le prochain bus pour la gare?
Wann fährt der nächste Bus zum Bahnhof?

Voilà l'horaire des bus.
Da ist der Busfahrplan.

C'est combien, le ticket de bus?
Wie viel kostet die Busfahrkarte?

Avez-vous des tickets de métro?
Haben Sie U-Bahn-Fahrkarten?

Quelle heure est-il? – Il est dix heures et demie.
Wie viel Uhr ist es? – Es ist halb elf.

Où est-ce que je trouve un taxi?
Wo finde ich ein Taxi?

Wörter und Ausdrücke

Erster Kontakt [↗ RFS, S. 12; 21-23]

Bonjour.	*Guten Morgen/Tag.*
Bonsoir.	*Guten Abend.*
Salut!	*Hallo!*
Ça va?	*Wie geht's?*
Ça va.	*Ganz gut.*
Merci.	*Danke.*
– De rien.	*– Bitte.*
Ça va très bien.	*Mir geht es sehr gut.*
Au revoir.	*Auf Wiedersehen.*
Salut!	*Tschüss!*
A ce soir.	*Bis heute Abend.*
A demain.	*Bis morgen.*
A bientôt.	*Bis bald.*
Bonne journée.	*Schönen Tag noch.*
Bonne chance!	*Alles Gute!*
Bon week-end.	*Schönes Wochenende.*

In der Stadt [↗ RFS, S. 60; 79-80]

Gebäude und Geschäfte

la ville	*die Stadt*
la rue	*die Straße*
un hôtel	*ein Hotel*
le restaurant	*das Restaurant*
la poste	*die Post*
la banque	*die Bank*
la pharmacie	*die Apotheke*
une église	*eine Kirche*
la gare	*der Bahnhof*
le grand magasin	*das Kaufhaus*
le supermarché	*der Supermarkt*
la boulangerie	*die Bäckerei*
les toilettes *(f.)*	*die Toilette*
le distributeur de billets	*der Geldautomat*
la station-service	*die Tankstelle*
le bureau de tabac [taba]	*der Tabakladen (Zeitungen, Fahrkarten)*

Kino, Theater, Museum

le cinéma	*das Kino*
le théâtre	*das Theater*
le musée	*das Museum*
le concert	*das Konzert*

Je vais au cinéma / au concert.	*Ich gehe ins Kino / ins Konzert.*
C'est combien, le billet?	*Wie viel kostet die Eintrittskarte?*
C'est combien, l'entrée?	*Wie teuer ist der Eintritt?*

Bus und U-Bahn

le bus	*der Bus*
l'arrêt *(m.)*	*die Haltestelle*
l'arrêt du bus	*die Bushaltestelle*
la ligne	*die Buslinie*
le métro	*die U-Bahn*
la station de métro	*die U-Bahn-Station*
le taxi	*das Taxi*
C'est combien, un ticket de bus / un ticket de métro?	*Wie teuer ist eine Busfahrkarte? / eine U-Bahn-Fahrkarte?*
Pour aller au théâtre, il faut changer?	*Zum Theater, muss man da umsteigen?*
Où est-ce qu'il faut changer?	*Wo muss ich umsteigen?*

Grammatik kompakt

Der Artikel

Der bestimmte / unbestimmte Artikel [↗ FGS, S. 8-9]

Mask.	
le ticket	**un** ticket
les tickets	**des** tickets
l'hôtel	**un** hôtel
les‿hôtels	**des**‿hôtels

Fem.	
la carte	**une** carte
les cartes	**des** cartes
l'église	**une** église
les‿églises	**des**‿églises

▶ Bestimmter Artikel: *le, la, les*.
Vor Vokal und stummem *h* werden *le* und *la* zu *l'* *(m./f.)*.

▶ Unbestimmter Artikel: *un, une, des*. Dem unbestimmten Artikel Plural *des* entspricht im Deutschen kein Artikel.

▶ Vor Vokal und stummem *h* wird *les/des* in der Aussprache gebunden.

▶ Im Plural wird die Endung *-s* angehängt, die jedoch nicht ausgesprochen wird.

1 Artikel – Fragesatz – Grundzahlen

Der zusammengezogene Artikel [↗ FGS, S. 11]

Je vais **au** cinéma *(m.)*.	*Ich gehe ins Kino.*
Je vais **aux** toilettes *(f.)*.	*Ich gehe auf die Toilette.*

Où se trouve l'arrêt **du** bus *(m.)*?	*Wo befindet sich die Bushaltestelle?*
Je cherche l'horaire **des** bus *(m.)*.	*Ich suche den Busfahrplan.*

▶ à + le → **au** de + le → **du**
  à + les → **aux** de + les → **des**

Zwischen den Präpositionen *à* und *de* und den Artikeln *le* und *les* gibt es eine Verschmelzung.

Der Fragesatz

Die Frage ohne Fragewort [↗ FGS, S. 23]

Ça va? (1)	*Wie geht's?*
Est-ce qu'il y a un distributeur de billets près d'ici? (2)	*Gibt es hier in der Nähe einen Geldautomaten?*
Avez-vous un ticket de bus? (3)	*Haben Sie eine Busfahrkarte?*

▶ (1) Intonationsfrage. Bildung: Aussagesatz mit steigender Satzmelodie zum Satzende hin.
  (2) *Est-ce que* – Frage. Bildung: *Est-ce que* + Aussagesatz.
  (3) Inversionsfrage (vor allem in der Schriftsprache).
  Bildung: Das Subjektpronomen tritt hinter das Verb.

Die Frage mit Fragewort [↗ FGS, S. 23-24]

Où est-ce que je trouve un taxi? (1)	*Wo finde ich ein Taxi?*
C'est **combien?** (2)	*Wie viel kostet das?*
Quelle heure **est-il?** (3)	*Wie viel Uhr ist es?*
Où **se trouvent les toilettes?** (3)	*Wo befindet sich die Toilette?*

▶ (1) *est-ce que* – Frage. Bildung: Fragewort + *est-ce que* + Aussageform.
  (2) Frage mit nachgestelltem Fragewort. Bildung: Das Fragewort steht am Satzende.
  (3) Inversionsfrage. Bildung: Das Subjektpronomen/Subjekt tritt hinter das Verb.

Die Grundzahlen [↗ FGS, S. 85-86]

1	un, une	21	vingt **et** un
2	deux	22	vingt-deux
3	trois	30	trente
4	quatre	31	trente **et** un
5	cinq	33	trente-trois
6	six	40	quarante
7	sept	41	quarante **et** un
8	huit	44	quarante-quatre
9	neuf	50	cinquante
10	dix	51	cinquante **et** un
11	onze	55	cinquante-cinq
12	douze	60	soixante
13	treize	61	soixante **et** un
14	quatorze	66	soixante-six
15	quinze	70	soixante-dix
16	seize	71	soixante et onze
17	dix-sept	72	soixante-douze
18	dix-huit	80	quatre-vingt**s**
19	dix-neuf	81	quatre-ving**t-un**
20	ving**t**	88	quatre-vingt-huit
		90	quatre-ving**t-dix**
		91	quatre-ving**t**-onze
		99	quatre-ving**t**-dix-neuf
		100	cent
		110	cent dix
		200	deux cent**s**
		230	deux cen**t** trente
	1.000	mille	
	2.000	deux mil**le**	
	10.000	dix mille	
	1.000.000	un million	
	2.000.000	deux million**s**	
	10.000.000	dix million**s**	
	1.000.000.000	un milliard	
	2.000.000.000	deux milliard**s**	

▶ Zehner und Einer werden durch einen Bindestrich verbunden.

▶ *vingt **et** un, trente **et** un, quarante **et** un, cinquante **et** un,*
*soixante **et** un, soixante **et** onze*
Bei 21, 31, 41, 51, 61, 71 steht zwischen Zehner und Einer ein ***et***.

▶ 80 *quatre-vingts* wird mit *-s* geschrieben.
81 *quatre-vingt-un*: Folgt auf *quatre-vingt* eine Zahl, fällt das *-s* weg.

1 Artikel – Fragesatz – Grundzahlen

▸ 200 *deux cents:* cent hat im Plural ein *-s.*
230 *deux cent trente:* Folgt auf *cent* eine Zahl, so fällt das *-s* weg.
2.000 *deux mille:* mille ist unveränderlich.
deux millions / deux milliards: Im Plural wird ein *-s* angehängt.

Übung 1

Übersetzen Sie die Sätze.

1. *Wie geht es Ihnen? – Mir geht es gut. Danke.*

2. *Auf Wiedersehen. Alles Gute!*

3. *Schönes Wochenende. Bis bald!*

4. *Tschüss! Bis morgen.*

5. *Wie geht's? – Mir geht es sehr gut. Danke.*

Übung 2

Übersetzen Sie die Sätze.

1. *Wie teuer ist die U-Bahn-Fahrkarte?*

2. *Entschuldigen Sie, ich suche die Post. Ist das weit?*

3. *Entschuldigung, wie komme ich bitte zum Stadtzentrum?*

4. *Gibt es hier in der Nähe eine Apotheke?*

5. *Wo befindet sich die Martinskirche?* (l'église Saint-Martin)

6. *Wann fährt die nächste U-Bahn zum Bahnhof?*

7. *Die Poststraße, ist die hier in der Nähe?*

8. *Gibt es einen Bus zum Theater?*

2 Verben auf -er, Verneinung, Mengenangaben

Sport und Fitness

Je fais du tennis depuis trois ans.
Ich spiele seit 3 Jahren Tennis.

Je joue au tennis une fois par semaine.
Ich spiele ein Mal in der Woche Tennis.

Je fais beaucoup de sport.
Ich mache viel Sport.

Vous faites du nordic walking?
Machen Sie Nordic Walking?

Je ne fais pas de ski.
Ich laufe nicht Ski.

Je fais de l'aérobic [aeʀɔbik] **et un peu de jogging** [dʒɔgiŋ].
Ich mache Aerobic und etwas Jogging.

Où allez-vous? – Je vais au centre de musculation.
Wohin gehen Sie? – Ich gehe ins Fitnessstudio.

Essen und Trinken

Vous buvez de la bière / du vin / de l'eau minérale?
Trinken Sie Bier/Wein/Mineralwasser?

Je ne bois pas d'alcool [alkɔl]. **Ce n'est pas bon pour la santé.**
Ich trinke keinen Alkohol. Das ist nicht gut für die Gesundheit.

Au petit déjeuner, je bois deux tasses de café / une tasse de thé.
Zum Frühstück trinke ich 2 Tassen Kaffee / eine Tasse Tee.

Je mange du musli [mysli], **un yaourt** [jauʀ] **et une pomme.**
Ich esse Müsli, einen Joghurt und einen Apfel.

Je mange deux tranches de pain avec de la confiture.
Ich esse 2 Scheiben Brot mit Marmelade.

Pour le déjeuner, je me prépare quelque chose de rapide au micro-ondes.
Zum Mittagessen mache ich mir etwas Schnelles in der Mikrowelle.

J'achète seulement des produits bio.
Ich kaufe nur Bioprodukte.

Wörter und Ausdrücke

Sport und Fitness [↗ WGF, S. 110-113]

Sport

Vous faites du sport?	*Treiben Sie Sport?*
Je fais beaucoup de sport.	*Ich mache viel Sport.*
faire du tennis / du foot(ball)	*Tennis/Fußball spielen*
faire du roller / du skate-board	*inlineskaten /Skateboard fahren*
faire du cheval / de la natation	*reiten /schwimmen (gehen)*
Il nage très bien.	*Er schwimmt sehr gut.*

Je joue au tennis depuis trois ans.	*Ich spiele seit 3 Jahren Tennis.*
Il joue très bien au football.	*Er spielt sehr gut Fußball.*
Il va à l'entraînement une fois par semaine / deux fois par mois.	*Er geht ein Mal in der Woche / zwei Mal im Monat zum Training.*

Vous faites du ski?	*Laufen Sie Ski?*
Je ne fais pas de ski.	*Ich laufe nicht Ski.*
Je vais aux sports d'hiver [ivɛʀ] deux fois par an.	*Ich fahre zwei Mal im Jahr in den Wintersport.*

Fitness

faire du nordic walking	*Nordic Walking machen*
faire du jogging / de l'aérobic	*Jogging/Aerobic machen*
faire de la musculation	*Krafttraining machen*

Essen und Trinken [↗ WGF, S. 53-55]

Frühstück

Au petit déjeuner, je mange un petit pain avec de la charcuterie.	*Zum Frühstück esse ich ein Brötchen mit Wurst.*
Je mange deux pains grillés avec de la confiture.	*Ich esse 2 Scheiben Toast mit Marmelade.*
Je me prépare aussi un œuf [œf].	*Ich mache mir auch ein Ei.*
Je bois une tasse de chocolat chaud / un verre de jus d'orange.	*Ich trinke eine Tasse heiße Schokolade / ein Glas Orangensaft.*

Mittagessen

Je déjeune à la cantine.	*Ich esse in der Kantine zu Mittag.*
Au déjeuner, nous mangeons de la viande ou du poisson.	*Zum Mittagessen essen wir Fleisch oder Fisch.*
Je bois de l'eau minérale.	*Ich trinke Mineralwasser.*
Je bois deux litres d'eau par jour.	*Ich trinke 2 Liter Wasser am Tag.*

Abendessen

Nous dînons à 19 heures.	*Wir essen um 7 Uhr zu Abend.*
Au dîner, je ne mange pas beaucoup.	*Beim Abendessen esse ich nicht viel.*

Grammatik kompakt

Die Verben auf *-er* [↗ FGS, S. 12-13]

chercher *(suchen)*

je cherche	nous cherch**ons**
tu cherch**es**	vous cherch**ez**
il/elle/on cherche	ils/elles cherch**ent**

► Die Endungen *-e, -es, -e, -ent* sind nicht hörbar.

► écouter *(zuhören)*: **j'é**coute
habiter *(wohnen)*: **j'h**abite
Vor Vokal und stummem *h* wird *je* zu *j'* apostrophiert.

► manger *(essen)*: nous man**ge**ons.
g wird zu *ge* vor *a* und *o*.

► commencer *(anfangen)*: nous commen**ç**ons
c wird zu *ç* vor *a* und *o*.

Verben auf *-er*:

chercher *(suchen)*	rentrer *(nach Hause kommen)*
trouver *(finden)*	passer *(vorbeikommen)*
fumer *(rauchen)*	préparer *(zubereiten)*
habiter *(wohnen)*	écouter *(zuhören)*
manger *(essen)*	commencer *(beginnen)*
déjeuner *(zu Mittag essen)*	dîner *(zu Abend essen)*

Besonderheit

acheter *(kaufen)*

j' ach**è**te	nous achetons
tu ach**è**tes	vous achetez
il/elle/on ach**è**te	ils/elles ach**è**tent

Die Verneinung [↗ FGS, S. 18]

Je **ne** fume **pas**.	*Ich rauche nicht.*
Je **n'**écoute **pas** la radio.	*Ich höre kein Radio.*
Je **n'**habite **pas** ici.	*Ich wohne nicht hier.*
Ce **n'**est **pas** bien.	*Das ist nicht gut.*

► Die Verneinung besteht aus zwei Elementen: *ne* und *pas*.
ne und *pas* umschließen das konjugierte Verb.

► Vor Vokal und stummem *h* wird *ne* zu *n'*.

► Die verneinte Form von *c'est* lautet *ce n'est pas*:
C'est bien. *(Das ist gut.)*   Ce n'est pas bien. *(Das ist nicht gut.)*

2 Verben auf -er – Verneinung – Mengenangaben

Der Teilungsartikel [↗ FGS, S. 10]

Je bois **du** vin *(m.)*, **de la** bière *(f.)* et **de** l'eau minérale *(f)*.
Ich trinke Wein, Bier und Mineralwasser.

▶ $\boxed{\text{F/D}}$ Im Deutschen gibt es keinen Teilungsartikel.
▶   Der Teilungsartikel lautet: **du** *(m.)*, **de la** *(f.)*, **de l'** *(m./f.)*.
▶   Der Teilungsartikel drückt eine unbestimmte Menge aus.

Mengenangaben [↗ FGS, S. 10]

une tasse de café	*eine Tasse Kaffee*
un verre d'eau	*ein Glas Wasser*
un litre de lait	*ein Liter Milch*
une bouteille de bière	*eine Flasche Bier*
un kilo de pommes	*ein Kilo Äpfel*
beaucoup d'alcool	*viel Alkohol*
un peu de lait	*etwas Milch*

▶   Nach Mengenangaben, d.h. Ausdrücken, die eine bestimmte Menge
bezeichnen: *une tasse / deux litres / beaucoup* usw. steht nur
de (vor Vokal **d'**) + Nomen. Es steht kein Artikel.

ne ... pas de [↗ FGS, S. 19]

Je mange une pomme.	*Ich esse einen Apfel.*
aber: Je ne mange **pas de** pomme.	*Ich esse **keinen** Apfel.*
Je bois du lait.	*Ich trinke Milch.*
aber: Je ne bois **pas de** lait.	*Ich trinke **keine** Milch.*

▶
bejaht:	*verneint:*
un/une/des	ne **pas de** *(kein/keine)*
du/de la/de l'	ne **pas de** *(kein/keine)*

Die Verneinung des unbestimmten Artikels *(un/une/des)* und
des Teilungsartikels *(du/de la/de l')* lautet **ne ... pas de**.

Unregelmäßige Verben

faire *(machen)*	**aller** *(gehen/fahren)*
je **fais**	je **vais**
tu **fais**	tu **vas**
il/elle **fait**	il/elle **va**
nous **faisons**	nous allons
vous **faites**	vous allez
ils/elles **font**	ils/elles **vont**

boire *(trinken)*

je **bois**
tu **bois**
il/elle **boit**
nous **buvons**
vous **buvez**
ils/elles **boivent**

Übung 3

Übersetzen Sie die Sätze.

1. *Ich reite seit fünf Jahren.*

2. *Sie läuft sehr gut Ski.*

3. *Ich mache Nordic Walking und etwas Aerobic.*

4. *Sie spielt sehr gut Tennis.*

5. *Er macht drei Mal in der Woche Krafttraining.*

Übung 4

Übersetzen Sie die Sätze.

1. *Zum Frühstück esse ich nicht viel.*

2. *Ich esse etwas Müsli und trinke ein Glas Orangensaft.*

3. *Das ist gut für die Gesundheit.*

4. *Zum Mittagessen mache ich mir etwas Einfaches* (simple) *in der Mikrowelle.*

5. *Ich esse keinen Fisch. Aber* (mais) *ich esse viel Fleisch.*

6. *Ich trinke nicht viel Alkohol. Ich trinke Mineralwasser.*

7. *Manchmal* (parfois) *trinke ich auch etwas Bier.*

3 Possessivbegleiter, Verben auf -ir und -re

Familie

Nous sommes mariés depuis dix ans.
Wir sind seit 10 Jahren verheiratet.

Vous avez des enfants? – Oui, nous avons un fils [fis] et une fille.
Haben Sie Kinder? – Ja, wir haben einen Sohn und eine Tochter.

Quel âge a votre fils? – Il a trois ans.
Wie alt ist Ihr Sohn? – Er ist 3 Jahre alt.

Nos enfants sont souvent chez mes parents.
Unsere Kinder sind oft bei meinen Eltern.

Ma mère s'occupe de mon ménage. Elle fait aussi les courses.
Meine Mutter kümmert sich um meinen Haushalt. Sie geht auch einkaufen.

Elle est divorcée. / Elle est parent isolé.
Sie ist geschieden. / Sie ist Alleinerziehende.

Elle ne travaille pas. Elle vit de l'aide sociale.
Sie arbeitet nicht. Sie lebt von der Sozialhilfe.

Elle vit ensemble avec son partenaire.
Sie lebt zusammen mit ihrem Partner.

Kinder

Mon mari amène notre fille à l'école.
Mein Mann bringt unsere Tochter zur Schule.

Je n'ai personne qui garde mes enfants.
Ich habe niemanden, der auf meine Kinder aufzupasst.

Mon fils reste à la garderie / au jardin d'enfants jusqu'à 17 heures.
Mein Sohn bleibt bis 5 Uhr in der Kindertagesstätte / im Kindergarten.

Ma fille va à l'école primaire / au collège.
Meine Tochter geht in die Grundschule / auf die Gesamtschule.

Les cours finissent à 16h30 (à quatre heures et demie).
Der Unterricht endet um halb fünf.

Elle rentre à 17h15 (à cinq heures et quart).
Sie kommt um Viertel nach fünf nach Hause.

Elle doit attendre son car scolaire pendant une demi-heure.
Sie muss eine halbe Stunde auf ihren Schulbus warten.

Wörter und Ausdrücke

Familie [↗ WGF, S. 24-26]

la famille	*die Familie*
un enfant	*ein Kind*
le fils	*der Sohn*
la fille	*die Tochter*
le père	*der Vater*
la mère	*die Mutter*
les parents	*die Eltern*
mon mari	*mein Mann*
la femme	*die Frau*
le frère	*der Bruder*
la sœur	*die Schwester*
le grand-père	*der Großvater*
la grand-mère	*die Großmutter*
les grands-parents	*die Großeltern*
le beau-père	*der Schwiegervater*
la belle-mère	*die Schwiegermutter*
les beaux-parents	*die Schwiegereltern*
Il/Elle est marié/e.	*Er/Sie ist verheiratet.*
Il/Elle est divorcé/e.	*Er/Sie ist geschieden.*
Elle/Il est parent isolé.	*Sie/Er ist Alleinerziehende/r.*
Il/Elle vit seul/e.	*Er/Sie ist Single.*
vivre ensemble	*zusammen leben*
le/la partenaire	*der/die Partner/in*

vivre de l'aide sociale *(f.)*	*von der Sozialhilfe leben*
s'occuper de son ménage *(m.)*	*sich um den Haushalt kümmern*
faire les courses *(f.)*	*einkaufen gehen*
Quel âge *(m.)* avez-vous?	*Wie alt sind Sie?*
J'ai trente ans *(m.).*	*Ich bin 30 Jahre alt.*

Kinder [↗ WGF, S. 30-31]

Kinderbetreuung

amener qn à la garderie	*jdn zur Kindertagesstätte bringen*
Il est difficile de trouver une place à la garderie.	*Es ist schwer, einen Platz in der Kindertagesstätte zu finden.*
aller au jardin d'enfants	*in den Kindergarten gehen*
rester au jardin d'enfants jusqu'à 16 heures	*bis 4 Uhr im Kindergarten bleiben*
garder les enfants	*auf die Kinder aufpassen*

Schule

aller à l'école *(f.)*	*zur Schule gehen*
l'école primaire	*die Grundschule*
une école avec des cours le matin et l'après-midi	*eine Ganztagsschule*
le collège / le lycée	*die Gesamtschule / das Gymnasium*
aller à l'école en car *(m.)*	*mit dem Bus zur Schule fahren*
Les cours *(m.)* commencent /finissent à ... heures.	*Der Unterricht beginnt/endet um ... Uhr.*
Il/Elle a cours le matin et l'après-midi.	*Er/Sie hat vormittags und nachmittags Unterricht.*

Grammatik kompakt

Die Possesivbegleiter [↗ FGS, S. 61-62]

le fils	→	**mon/ton/son** fils *(mein/dein/sein/ihr)*
la fille	→	**ma/ta/sa** fille
les fils	→	**mes/tes/ses** fils *(meine/deine/seine/ihre)*
les filles	→	**mes/tes/ses** filles

Beachten Sie:
son fils = *sein Sohn / **ihr** Sohn*
sa fille = *seine Tochter / **ihre** Tochter*

Im Unterschied zum Deutschen richten sich *son/sa/ses* nicht nach dem Geschlecht des Besitzers, sondern nach dem Geschlecht des Substantivs, bei dem sie stehen.

Beachten Sie:
une école → **mon‿é**cole / **ton‿é**cole / **son‿é**cole
une histoire *(eine Geschichte)* → **son‿h**istoire
Vor einem femininen Substantiv, das mit Vokal oder stummem *h* beginnt, steht **mon/ton/son** statt *ma/ta/sa*.

Mask.		
le fils	→	**notre/votre/leur** fils *(unser/euer/ihr)*
les fils	→	**nos/vos/leurs** fils *(unsere/eure/ihre)*
Fem.		
la fille	→	**notre/votre/leur** fille
les filles	→	**nos/vos/leurs** filles

▶ *notre (Sg.)* – *nos (Pl.)* und *votre (Sg.)* – *vos (Pl.)* haben im Maskulinum und Femininum die gleiche Form.

▶ *leur (Sg.)* – *leurs (Pl.)* haben im Maskulinum und Femininum die gleiche Form.

▶ Unterscheiden Sie:
nous *(= wir)* steht vor einem Verb, **nos** *(= unsere)* steht vor einem Substantiv.

Beachten Sie:
Bei **einem Besitzer** *(il/elle)* stehen **son/sa/ses** *(son/sa* vor einem Substantiv im Singular, *ses* vor einem Substantiv im Plural).
Bei **mehreren Besitzern** *(ils/elles)* stehen **leur/leurs** *(leur* vor einem Substantiv im Singular, *leurs* vor einem Substantiv im Plural).

Die Verben auf *-ir* (Typ *finir*) [↗ FGS, S. 13]

finir *(enden, beenden)*

je fin**is**	nous fin**issons**
tu fin**is**	vous fin**issez**
il/elle/on fin**it**	ils/elles fin**issent**

▶ Die Endungen sind: *-is, -is, -it, -issons, -issez, -issent.*

Gleichartige Verben:
choi**sir** *(auswählen)*   réus**sir** *(Erfolg haben)*
réfléch**ir** *(überlegen)*   se réun**ir** *(sich treffen)*

Die Verben auf *-re* (Typ *attendre*) [↗ FGS, S. 14]

attendre *(warten)*

j'attend**s**	nous attend**ons**
tu attend**s**	vous attend**ez**
il/elle/on atten**d**	ils/elles attend**ent**

▶ Die Endungen *-s, -s, -t* sind nicht hörbar.

▶ Bei der 3. Person Singular fällt die Endung *-t* weg, wenn der Stamm auf *-d* oder *-t* endet *(il attend).*

Gleichartige Verben:
enten**dre** *(hören)*   ren**dre** *(zurückgeben)*
per**dre** *(verlieren)*   descen**dre** *(hinuntergehen)*
ven**dre** *(verkaufen)*

3 Possessivbegleiter – Verben auf *-ir* und *-re*

Unregelmäßige Verben

avoir *(haben)*	**être** *(sein)*
j'**ai**	je **suis**
tu **as**	tu **es**
il/elle **a**	il/elle **est**
nous **avons**	nous **sommes**
vous **avez**	vous **êtes**
ils/elles **ont**	ils/elles **sont**

vivre *(leben)*
je **vis**
tu **vis**
il/elle **vit**
nous **vivons**
vous viv**ez**
ils/elles **vivent**

Verwechseln Sie nicht: ils **sont** *(sie sind)* – ils‿**ont** *(sie haben)*

► Beachten Sie:

ils **sont** (être)	ils **font** (faire)
ils‿**ont** (avoir)	ils **vont** (aller)

Übung 5

Übersetzen Sie die Sätze.

1. *Wie alt sind Ihre Kinder? – Sie sind 7 und 9 Jahre alt.*

2. *Mein Bruder ist Single.*

3. *Er ist arbeitslos* (au chômage) *und lebt von der Sozialhilfe.*

4. *Meine Tochter ist oft bei ihren Großeltern.*

5. *Mein Mann macht die Einkäufe.*

6. *Er kümmert sich auch um den Haushalt.*

Übung 6

Übersetzen Sie die Sätze.

1. *Um 7 Uhr bringe ich meine Tochter zur Kindertagesstätte.*

2. *Unser Sohn geht auf eine Ganztagsschule.*

3. *Er fährt mit dem Bus zur Schule.*

4. *Der Unterricht beginnt um 8 Uhr. Er endet um halb fünf.*

5. *Nach* (après) *dem Unterricht muss er 20 Minuten*
   (pendant vingt minutes) *auf seinen Bus warten.*

6. *Mein Mann kommt um halb sechs Uhr nach Hause.*

4 Adjektiv, Verneinung beim Verb + Infintiv

Berufs- und Arbeitswelt

Ma fille travaille dans une grande entreprise internationale.
Meine Tochter arbeitet in einem großen internationalen Unternehmen.

Elle a un beau bureau moderne. Elle a un horaire de travail régulier.
Sie hat ein schönes modernes Büro. Sie hat eine regelmäßige Arbeitszeit.

Mon fils est vendeur. Ses conditions de travail ne sont pas bonnes.
Mein Sohn ist Verkäufer. Seine Arbeitsbedingungen sind nicht gut.

Il/Elle a un mini-job. Il/Elle travaille à temps partiel.
Er/Sie hat einen Minijob. Er/Sie arbeitet Teilzeit.

Il/Elle travaille seulement le matin / l'après-midi.
Er/Sie arbeitet nur vormittags/nachmittags.

Il/Elle a un contrat à durée déterminée de deux ans.
Er/Sie hat einen Zeitvertrag über 2 Jahre.

Comme vendeur/vendeuse, on ne gagne pas beaucoup d'argent.
Als Verkäufer/Verkäuferin verdient man nicht viel.

Il/Elle ne veut pas perdre son emploi.
Er/Sie will seinen/ihren Arbeitsplatz nicht verlieren.

Arbeitsmarkt

Il/Elle est au chômage. Il/Elle ne trouve pas de travail.
Er/Sie ist arbeitslos. Er/Sie findet keine Arbeit.

Il est difficile de trouver un nouvel emploi dans son métier.
Es ist schwer, eine neue Arbeitsstelle in seinem Beruf zu finden.

Il/Elle ne peut plus exercer sa profession.
Er/Sie kann seinen/ihren Beruf nicht mehr ausüben.

Il/Elle est prêt/e à accepter un job à bas salaire.
Er/Sie ist bereit, einen Niedriglohnjob anzunehmen.

Beaucoup de vieilles entreprises ne peuvent plus exister.
Viele alte Betriebe können nicht mehr existieren.

Il est agriculteur. Il a des problèmes financiers.
Er ist Landwirt. Er hat finanzielle Probleme.

Il n'a plus de perspective d'avenir.
Er hat keine Zukunftsperspektive mehr.

Wörter und Ausdrücke

Berufs- und Arbeitswelt [↗ WGF, S. 127-128]

Il/Elle est ...	*Er/Sie ist ...*
... journaliste.	*... Journalist/in.*
... architecte.	*... Architekt/in.*
... professeur.	*... Lehrer/in.*
... ingénieur.	*... Ingenieur/in.*
... photographe.	*... Fotograf/in.*
... médecin.	*... Arzt/Ärztin.*
... coiffeur/coiffeuse.	*... Friseur/in.*
... vendeur/vendeuse.	*... Verkäufer/in.*
... technicien/technicienne.	*... Techniker/in.*
... employé/e de banque.	*... Bankangestellter/Bankangestellte.*

Elle est infirmière.	*Sie ist Krankenschwester.*
Elle travaille comme secrétaire.	*Sie arbeitet als Sekretärin.*
Qu'est-ce que vous faites dans la vie?	*Was machen Sie beruflich?*
Quelle est votre profession *(f.)*?	*Was sind Sie von Beruf?*

Il/Elle travaille ...	*Er/Sie arbeitet ...*
... dans une banque française.	*... in einer französischen Bank.*
... dans une grande entreprise.	*... in einer großen Firma.*
... chez Siemens.	*... bei Siemens.*
... dans une usine.	*... in einer Fabrik.*
... dans l'industrie *(f.)*.	*... in der Industrie.*

Arbeitsmarkt [↗ WGF, S. 128]

travailler 40 heures par semaine	*40 Stunden in der Woche arbeiten*
travailler deux heures *(f.)* de plus pour le même salaire	*2 Stunden mehr arbeiten für denselben Lohn*
travailler à temps *(m.)* partiel	*Teilzeit arbeiten*
avoir un mini-job	*einen Minijob haben*
avoir un travail bien payé	*eine gut bezahlte Arbeit haben*
Les conditions *(f.)* de travail sont très mauvaises.	*Die Arbeitsbedingungen sind sehr schlecht.*
gagner beaucoup d'argent *(m.)*	*viel (Geld) verdienen*
gagner sa vie *(f.)*	*seinen Lebensunterhalt verdienen*
Il/Elle est au chômage *(m.)*.	*Er/Sie ist arbeitslos.*
Le chômage est un gros problème de notre société *(f.)*.	*Die Arbeitslosigkeit ist ein großes Problem unserer Gesellschaft.*
avoir des problèmes *(m.)* financiers	*finanzielle Probleme haben*
créer de nouveaux emplois *(m.)*	*neue Arbeitsplätze schaffen*
aller travailler à l'étranger *(m.)*	*ins Ausland arbeiten gehen*

Grammatik kompakt

Das Adjektiv [↗ FGS, S. 47-48]

Singular	Plural
un grand bureau	de grands bureaux
ein großes Büro	*große Büros*
une grande maison	de grandes maisons
ein großes Haus	*große Häuser*

▶ Das Adjektiv stimmt mit dem zugehörigen Substantiv in Geschlecht (Maskulinum/Femininum) und Zahl (Singular/Plural) überein.

▶ Das Femininum hat die Endung **-e**, das Maskulinum Plural die Endung **-s** und das Femininum Plural die Endung **-es**.

▶ Beim **Maskulinum** Singular und Maskulinum Plural ist der Endkonsonant bzw. der Endkonsonant und das Plural -s stumm (*grand/grands*: **-d** bzw. **-ds** sind **stumm**).
Beim **Femininum** Singular und Femininum Plural wird der Endkonsonant gesprochen (*grande/grandes*: **-d** ist **hörbar**).

▶ Beachten Sie:

un hôtel moderne	une église moderne
ein modernes Hotel	*eine moderne Kirche*

Adjektive, die im Maskulinum Singular auf **-e** enden, erhalten im Femininum keine Endung.

un film français	des films français
ein französischer Film	*französische Filme*

Adjektive, die im Maskulinum Singular auf **-s** enden, erhalten im Maskulinum Plural keine Endung.

Sonderformen für das Feminunum

Bestimmte Adjektive haben eine spezielle feminine Form.

-er / -ère	régulier, régul**ière** *(regelmäßig)*
-el / -elle	actuel, actu**elle** *(aktuell)*
-et / -ète	complet, compl**ète** *(vollständig)*
-x / -se	dangereux, dangereu**se** *(gefährlich)*
-f / -ve	actif, acti**ve** *(aktiv, berufstätig)*
-on / -onne	bon, b**onne** *(gut)*

Sonderform für die Pluralbildung

Singular	Plural
social, sociale	soci**aux**, sociales *(sozial)*

Die Adjektive auf **-al** haben im Maskulinum Plural die Endung **-aux**.

Adjektive mit zwei maskulinen Formen

Maskulinum	*Maskulinum vor Nomen mit Vokal oder h*
un **beau** bureau	un **bel** hôtel
ein schönes Büro	*ein schönes Hotel*
de **beaux** bureaux	de **beaux** hôtels
un **nouveau** bureau	un **nouvel** hôtel
ein neues Büro	*ein neues Hotel*
de **nouveaux** bureaux	de **nouveaux** hôtels
un **vieux** bureau	un **vieil** hôtel
ein altes Büro	*ein altes Hotel*
de **vieux** bureaux	de **vieux** hôtels

Femininum
une **belle** église
de **belles** églises

une **nouvelle** église
de **nouvelles** églises

une **vieille** église
de **vieilles** églises

▶ Wird das Adjektiv nachgestellt, erscheint die normale maskuline Form.

Cet hôtel est très **beau**.	*Dieses Hotel ist sehr schön.*
Cet hôtel est **nouveau**.	*Dieses Hotel ist neu.*
Cet hôtel est très **vieux**.	*Dieses Hotel ist sehr alt.*

▶ Das Maskulinum Plural von *vieux* hat dieselbe Form wie im Singular.

Die Verneinung beim Verb + Infinitiv [↗ FGS, S. 18]

Il **ne** peut **pas** travailler.	*Er kann nicht arbeiten.*
Elle **ne** veut **pas** rester à la maison.	*Sie will nicht zu Hause bleiben.*

▶ Die beiden Elemente der Negation umschließen die konjugierte Verbform / das Hilfsverb.

Unregelmäßige Verben

pouvoir *(können)*	**vouloir** *(wollen)*
je **peux**	je **veux**
tu **peux**	tu **veux**
il/elle **peut**	il/elle **veut**
nous **pouvons**	nous **voulons**
vous pou**vez**	vous voul**ez**
ils/elles **peuvent**	ils/elles **veulent**

4 Adjektiv – Verneinung beim Verb + Infinitiv

Übung 7

Übersetzen Sie die Sätze.

1. *Mein Sohn ist Architekt.*

2. *Er arbeitet 60 Stunden in der Woche.*

3. *Ich bin Verkäuferin in einem Supermarkt.*

4. *Ich habe einen Minijob. Mit einem Minijob ist es sehr schwer, seinen Lebensunterhalt zu verdienen.*

5. *Mein Mann ist Techniker in einem großen Betrieb.*

6. *Er hat eine unregelmäßige (irrégulier) Arbeitszeit.*

Übung 8

Übersetzen Sie die Sätze.

1. *Meine Frau ist seit 2 Jahren arbeitslos.*

2. *Sie findet keine Arbeit in ihrem Beruf.*

3. *Sie hat keine Zukunftsperspektive mehr.*

4. *Ich bin Bankangestellter.*

5. *Meine Arbeitsbedingungen sind sehr schlecht.*

6. *Ich muss für dasselbe Geld (le salaire) 2 Stunden mehr arbeiten.*

5 Passé composé, Stellung des Adjektivs

Freizeit

En semaine, je ne sors pas. Je n'ai pas le temps.
In der Woche gehe ich nicht aus. Ich habe keine Zeit.

Le week-end, je pars souvent en voiture chez mes amis.
Am Wochenende fahre ich oft mit dem Auto zu meinen Freunden.

Quand j'ai le temps, je fais de la photo.
Wenn ich Zeit habe, fotografiere ich.

Hier [ijɛʀ]**, je suis allé/e au musée de l'art moderne.**
Gestern war ich im Museum für moderne Kunst.

La semaine dernière, nous avons fait un tour en vélo.
Letzte Woche haben wir eine Radtour gemacht.

Samedi dernier, je suis resté/e chez moi.
Letzten Samstag bin ich zu Hause geblieben.

Nous avons organisé une petite fête.
Wir haben ein kleines Fest veranstaltet.

Reisen

Où avez-vous passé vos vacances?
Wo waren Sie im Urlaub?

Nous sommes allés en Italie / en Normandie / à la mer Baltique.
Wir waren in Italien / in der Normandie / an der Ostsee.

L'année dernière, nous ne sommes pas partis en vacances.
Letztes Jahr sind wir nicht in Urlaub gefahren.

L'été dernier, j'ai fait un voyage aux Etats-Unis.
Letzten Sommer habe ich eine Reise in die USA gemacht.

J'ai voyagé en avion jusqu'à New York et ensuite en train.
Ich bin bis New York geflogen und dann mit dem Zug weitergefahren.

Nous avons loué un camping-car / un appartement de vacances.
Wir haben uns ein Wohnmobil / eine Ferienwohnung gemietet.

D'où venez-vous? – Je viens d'Allemagne, de Francfort.
Woher kommen Sie? – Ich komme aus Deutschland, aus Frankfurt.

Je suis venu/e ici voir un ami.
Ich bin hierher gekommen, um einen Freund zu besuchen.

Wörter und Ausdrücke

Freizeit [↗ WGF, S. 105-113]

Je n'ai pas beaucoup de temps pour mes hobbies *(m.)*.	*Ich habe nicht viel Zeit für meine Hobbys.*
Quand j'ai le temps, je fais de la photo.	*Wenn ich Zeit habe, fotografiere ich.*
En semaine, je n'ai pas le temps de jouer au tennis.	*In der Woche habe ich keine Zeit zum Tennisspielen.*
Je sors souvent le week-end.	*Ich gehe oft am Wochenende aus.*
Hier, je suis allé/e au cinéma.	*Gestern war ich im Kino.*
Je suis allé/e voir le film « ... ».	*Ich war in dem Film „...".*
aller regarder une exposition d'art	*in eine Kunstausstellung gehen*
aller au théâtre / au concert	*ins Theater/Konzert gehen*
écouter/faire de la musique	*Musik hören/machen*
jouer de la guitare / du piano *(m.)*	*Gitarre/Klavier spielen*
jouer aux cartes *(f.)*	*Karten spielen*
jouer aux jeux *(m.)* vidéo	*Computerspiele spielen*
regarder la télé	*fernsehen*
écouter la radio	*Radio hören*

Reisen [↗ WGF, S. 120-125]

partir en vacances *(f. pl.)*	*in Urlaub fahren*
Qu'est-ce que vous avez fait pendant les vacances?	*Was haben Sie in den Ferien gemacht?*
aller à Rome pour huit jours *(m.)*	*für 8 Tage nach Rom fahren*
aller en Italie / en Espagne	*nach Italien / nach Spanien fahren*
... à la mer du Nord	*... an die Nordsee*
... à la mer Baltique	*... an die Ostsee*
... sur la côte hollandaise	*... an die holländische Küste*
... à la montagne / dans les Alpes	*... in die Berge / in die Alpen*
aller chez son ami anglais	*zu seinem englischen Freund fahren*
aller voir son amie espagnole	*seine spanische Freundin besuchen*
partir avec un groupe de jeunes	*mit einer Jugendgruppe fahren*
partir seul/e	*alleine fahren*
partir en voiture / en train / en car	*mit dem Wagen/Zug/Bus fahren*
voyager en avion / en bateau	*fliegen / mit dem Schiff fahren*
louer une maison de vacances	*ein Ferienhaus mieten*
réserver la maison en ligne	*das Ferienhaus online buchen*
faire un voyage de dernière minute	*eine Last-Minute-Reise machen*

Grammatik kompakt

Das passé composé [↗ FGS, S. 27-29]

Vous **avez** déjà **mangé**?	*Haben Sie schon gegessen?*
Ma fille **est partie** en vacances.	*Meine Tochter ist in Urlaub gefahren.*

▶ Das **passé composé** wird dem dem Präsens von *avoir* oder *être* und dem participe passé gebildet.

(1) Das passé composé mit *avoir*

chercher *(suchen)*

j'**ai** cherché	nou **avons** cherché
tu **as** cherché	vous **avez** cherché
il/elle **a** cherché	ils/elles **ont** cherché

▶ Die Verben auf *-er* bilden das participe passé auf *-é*.

fin**ir** → j'ai fin**i**	attend**re** → j'ai attend**u**

▶ Die Verben auf *-ir* bilden das participe passé auf *-i*.
Die Verben auf *-re* bilden das participe passé auf *-u*.

▶ Beim passé composé mit *avoir* wird das **participe passé** in der Regel **nicht verändert**.

Unregelmäßige Verben

avoir: j'ai **eu** [y]	boire: j'ai **bu**
être: j'ai **été**	pouvoir: j'ai **pu**
faire: j'ai **fait**	vouloir: j'ai **voulu**
	vivre: j'ai **vécu**

(2) Das passé composé mit *être*

aller *(gehen)*

je **suis** allé(**e**)	nous **sommes** allé(**e**)s
tu **es** allé(**e**)	vous **êtes** allé(**e,s,es**)
il **est** allé	ils **sont** allés
elle **est** allée	elles **sont** allées

▶ Die **Verben** der **Bewegungsrichtung** bilden das passé composé mit *être*. Hierzu gehören:

aller *(gehen)*	**sortir** *(hinausgehen)*
venir *(kommen)*	**rentrer** *(zurückkommen)*
arriver *(ankommen)*	**rester** *(bleiben)*
partir *(weggehen)*	

5 Passé composé – Stellung des Adjektivs

Elle est all**ée** à Londres.	*Sie ist nach London gefahren.*
Ils sont arriv**és** hier.	*Sie sind gestern angekommen.*

▶ Beim passé composé mit *être* richtet sich das **participe passé** nach dem **Subjekt**.

Je **n'ai pas** regardé la télé.	*Ich habe nicht ferngesehen.*
Je **ne** suis **pas** allé(e) à Rome.	*Ich bin nicht nach Rom gefahren.*

▶ Die beiden Elemente der Negation umschließen die konjugierte Verbform.

Die Stellung des Adjektivs [↗ FGS, S. 48-49]

une voiture **française**	*ein französisches Auto*
une ville **moderne**	*eine moderne Stadt*

▶ Die meisten Adjektive stehen nach dem Substantiv.

une **belle** maison	*ein schönes Haus*
un **gros** problème	*ein großes Problem*

▶ Vor dem Substantiv stehen folgende kurze, häufig gebrauchte Adjektive:

grand (*groß*)	**jeune** (*jung*)
petit (*klein*)	**vieux** (*alt*)
bon (*gut*)	**mauvais** (*schlecht*)
beau (*schön*)	**gros** (*dick, groß, bedeutend*)

▶ Unterscheiden Sie:

une ville moderne → **des** villes modernes (*moderne Städte*)
aber:
un **gros** problème → **de gros** problèmes (*große Probleme*)

Beim nachgestellten Adjektiv lautet der unbestimmte Artikel im Plural *des (des villes modernes)*.
Beim **vorangestellten Adjektiv** im **Plural** steht in der Regel jedoch *de* (statt *des*) (*de gros problèmes*).

Unregelmäßige Verben

partir (*weggehen*)	**sortir** (*hinausgehen*)
je **pars**	je **sors**
tu pars	tu sors
il/elle part	il/elle sort
nous **partons**	nous **sortons**
vous part**ez**	vous sort**ez**
ils/elles part**ent**	ils/elles sort**ent**

> **venir** *(kommen)*
> je **viens**
> tu viens
> il/elle vient
> nous **venons**
> vous ven**ez**
> ils/elles **viennent**

Übung 9

Übersetzen Sie die Sätze.

1. *Gestern war ich im Theater.*

2. *Wenn ich Zeit habe, höre ich Musik.*

3. *Letzten Samstag war ich in einer Kunstausstellung.*

4. *Spielen Sie Klavier?*

5. *Ich habe keine Zeit zum Fernsehen.*

6. *Am Wochenende bleibe ich zu Hause.*

Übung 10

Übersetzen Sie die Sätze.

1. *Wann (Quand est-ce que) fahren Sie in Urlaub?*

2. *Letztes Jahr waren wir an der Ostsee.*

3. *Wir sind mit dem Zug gefahren.*

4. *Wir haben eine Ferienwohnung gemietet.*

5. *Letzten Sommer haben wir eine Last-Minute-Reise gemacht.*

6. *Wir sind in die Türkei (en Turquie) geflogen.*

7. *Wir haben die Reise online gebucht.*

6 Personalpronomen (I), Futur composé

Gesund leben

Je dois faire quelque chose pour ma santé.
Ich muss etwas für meine Gesundheit tun.

Demain, je vais arrêter de fumer.
Morgen werde ich mit dem Rauchen aufhören.

J'ai déjà perdu cinq kilos, mais je suis encore trop gros/grosse.
Ich habe schon 5 Kilo abgenommen, aber ich bin noch zu dick.

Je dois bouger plus. J'ai déjà suivi un régime.
Ich muss mich mehr bewegen. Ich habe schon eine Diät gemacht.

Je vais manger plus de légumes et boire moins d'alcool [alkɔl].
Ich werde mehr Gemüse essen und weniger Alkohol trinken.

Je fais de la relaxation. J'ai suivi un cours de yoga [jɔga].
Ich mache Entspannungsübungen. Ich habe einen Yogakurs mitgemacht.

Mon fils mange fast food deux fois par jour. Je lui ai expliqué: «Ça va ruiner ta santé.»
Mein Sohn isst zwei Mal am Tag Fast Food. Ich habe ihm erklärt: „Das wird deine Gesundheit ruinieren."

Gastgeber sein – Im Restaurant

Qu'est-ce que je vous offre à boire?
Was darf ich Ihnen zu trinken anbieten?

Vous prenez encore un peu de viande?
Nehmen Sie noch etwas Fleisch?

Vous me passez votre assiette, s'il vous plaît?
Könnten Sie mir bitte Ihren Teller herüberreichen?

Vous pouvez nous apporter la carte, s'il vous plaît?
Können Sie uns bitte die Speisekarte bringen?

J'ai choisi. Je prends le menu à 29 EUR.
Ich habe gewählt. Ich nehme das Menü zu 29 EUR.

Excusez-moi. Vous ne m'avez pas encore apporté ma boisson. Je l'ai commandée il y a dix minutes.
Entschuldigen Sie. Sie haben mir noch nicht mein Getränk gebracht. Ich habe es vor 10 Minuten bestellt.

Wörter und Ausdrücke

Gesund leben [↗ WGF, S. 62-64]

être trop gros [gʀo] /grosse [gʀos]	*zu dick sein*
avoir trop de kilos *(m.)*	*Übergewicht haben*
prendre / perdre des kilos	*zunehmen / abnehmen*
manger trop de fast food	*zu viel Fast Food essen*
C'est mauvais pour la santé.	*Das ist schlecht für die Gesundheit.*
bouger trop peu	*sich zu wenig bewegen*
arrêter de fumer	*mit dem Rauchen aufhören*
Je ne bois plus d'alcool.	*Ich trinke keinen Alkohol mehr.*
manger beaucoup de légumes *(m.)*	*viel Gemüse essen*
faire du yoga *(m.)*	*Yoga machen*
faire de la relaxation	*Entspannungsübungen machen*
diminuer le stress	*den Stress abbauen*
être stressé/e	*gestresst sein*
avoir une vie très stressante	*ein sehr stressiges Leben haben*
J'écoute de la musique pour me relaxer.	*Ich höre Musik, um mich zu entspannen.*

Gastgeber sein – Im Restaurant [↗ WGF, S. 57-60]

Gastgeber sein

Je peux vous offrir quelque chose?	*Kann ich Ihnen etwas anbieten?*
Qu'est-ce que vous buvez?	*Was trinken Sie?*
Vous prenez du vin / de la bière?	*Nehmen Sie Wein / Bier?*
- Oui, je veux bien.	*- Ja, gerne.*
Encore un peu de viande?	*Noch etwas Fleisch?*
- Oui, mais juste un petit peu.	*- Ja, aber nur noch ein klein wenig.*
C'est excellent, la viande.	*Das Fleisch schmeckt ausgezeichnet.*

Im Restaurant

Je voudrais le menu à ... EUR.	*Ich hätte gern das Menü zu ... EUR.*
Comme légumes, je prends ...	*Als Gemüse nehme ich ...*
Qu'est-ce qu'il y a comme dessert *(m.)*?	*Was gibt es als Nachtisch?*
Je prends le plat du jour.	*Ich nehme das Tagesgericht.*
Je prends une demi-bouteille de vin *(m.)* rouge.	*Ich nehme eine halbe Flasche Rotwein.*
Vous n'avez pas d'eau *(f.)* minérale gazeuse?	*Haben Sie kein Mineralwasser mit Kohlensäure?*
Vous pouvez nous apporter l'addition *(f.)*, s'il vous plaît?	*Können Sie uns bitte die Rechnung bringen?*
Est-ce que je peux payer avec ma carte de crédit / carte bancaire?	*Kann ich mit meiner Kreditkarte / EC-Karte bezahlen?*

Grammatik kompakt

Die Personalronomen (I):

Die verbundenen Personalpronomen [↗ FGS, S. 67-68]

Die verbundenen Personalpronomen werden nur in Verbindung mit einem Verb gebraucht.

(1) Die direkten Objektpronomen

Die direkten Objektpronomen stehen für ein direktes Objekt (Frage: „wen?" oder „was?").
Sie entsprechen im Deutschen dem Akkusativ.

Singular	Plural
me/m' (*mich*)	**nous** (*uns*)
te/t' (*dich*)	**vous** (*euch/Sie*)
le/l' (*ihn*)	**les** (Mask.) (*sie*)
la/l' (*sie*)	**les** (Fem.) (*sie*)

▶ Vor Vokal oder stummem *h* werden *me, te, le, la* zu *m', t', l', l'*.

Je **le** prends.	*Ich nehme es.*
(le = le plat du jour)	
Je **l'**ai déjà mangée.	*Ich habe sie schon gegessen.*
(**l'** = l'orange *(f.)*)	
Je **vous** amène à la gare.	*Ich bringe Sie zum Bahnhof.*

(2) Die indirekten Objektpronomen

Die indirekten Objektpronomen stehen für ein indirektes Objekt (Frage: „wem?"). Sie entsprechen im Deutschen dem Dativ.

Singular	Plural
me/m' (*mir*)	**nous** (*uns*)
te/t' (*dir*)	**vous** (*euch/Ihnen*)
lui (*Mask.*) (*ihm*)	**leur** (*Mask.*) (*ihnen*)
lui (*Fem.*) (*ihr*)	**leur** (*Fem.*) (*ihnen*)

Pouvez-vous **m'**apporter la carte, s'il vous plaît?	*Können Sie mir bitte die Speisekarte bringen?*
(apporter qc **à qn**)	*(jdm etw. bringen)*
Je **lui** ai acheté une voiture.	*Ich habe ihm/ihr ein Auto gekauft.*
(acheter qc **à qn**)	*(jdm etw. kaufen)*
(qn = quelqu'un „*jemand*")	(qc = quelque chose „*etwas*")

▶ Die indirekten Objektpronomen stehen bei **Verben** mit **à qn**
(= **à** + Person).

▶ Verwechseln Sie nicht:
leur: indirektes Objektpronomen
leur/leurs: Possessivbegleiter (siehe Seite 19).

Je lui ai acheté une voiture.	*Ich habe ihm/ihr ein Auto gekauft.*
aber:	
Je l'ai déjà mangée.	*Ich habe sie schon gegessen.*
(l' = la = l'orange *(f.)*)	

▶ Beim **passé composé** mit *avoir* wird das **participe passé** in der Regel nicht verändert. Das participe passé wird nur dann verändert, wenn dem Verb ein direktes Objekt (z.B. *la, les*) vorangeht.

Das futur composé [↗ FGS, S. 33]

Je **vais travailler** demain.	*Ich werde morgen arbeiten.*
Tu **vas partir** ce soir?	*Fährst du heute Abend?*
Il/Elle **va** m'**aider**.	*Er/Sie wird mir helfen.*
Nous **allons** vous **informer**.	*Wir werden Sie informieren.*
Vous **allez partir** maintenant?	*Gehen Sie jetzt?*
Ils/Elles **vont rentrer** samedi.	*Sie kommen Samstag zurück.*

▶ Das **futur composé** wird gebildet aus dem **Präsens** von *aller* und dem **Infinitiv** des Verbs.

▶ Das **futur composé** bezeichnet die **nahe Zukunft** (*maintenant, ce soir, demain, samedi*). Es gehört vorwiegend der gesprochenen Sprache an.

▶ Im Deutschen wird das futur composé oft durch das Präsens wiedergegeben.

Je **ne** vais **pas** sortir ce soir.	*Ich gehe heute Abend nicht aus.*

▶ Bei der Verneinung umschließen die beiden Negationselemente die konjugierte Form von *aller*, d.h. das Negationselement *pas* steht vor dem folgenden Infinitiv.

Unregelmäßige Verben

offrir *(anbieten)*	**prendre** *(nehmen)*
j'**offre**	je **prends**
tu offr**es**	tu prends
il/elle offr**e**	il/elle pren**d**
nous offr**ons**	nous **prenons**
vous offr**ez**	vous prenez
ils/elles offr**ent**	ils/elles **prennent**
p.c.: j'ai **offert**	j'ai **pris**

suivre *(folgen)*

je **suis**
tu suis
il/elle su**it**
nous **suivons**
vous sui**vez**
ils/elles **suivent**

j'ai **suivi**

Übung 11

Übersetzen Sie die Sätze.

1. *Ich habe ein sehr stressiges Leben.*

2. *Ich muss etwas tun, um den Stress abzubauen.*

3. *Ich muss Entspannungsübungen machen.*

4. *Machen Sie Yoga? Haben Sie einen Yogakurs mitgemacht?*

5. *Ich bin zu dick. Ich muss weniger essen.*

6. *Ich habe schon 3 kg abgenommen.*

Übung 12

Übersetzen Sie die Sätze.

1. *Trinken Sie Wein oder Bier?*

2. *Ich kann Ihnen auch etwas anderes* (autre chose) *anbieten.*

3. *Nehmen Sie noch etwas Gemüse?*

4. *Bringen Sie mir bitte die Weinkarte* (la carte des vins).

5. *Können Sie uns noch etwas Brot bringen?*

6. *Haben Sie auch Mineralwasser mit Kohlensäure?*

7. *Ich nehme eine Flasche Mineralwasser.*

7 Steigerung des Adjektivs, Interrogativbegleiter

Gesellschaftliche Probleme

Beaucoup d'entreprises transfèrent leur production à l'étranger.
Viele Unternehmen verlagern ihre Produktion ins Ausland.

Là, les salaires sont beaucoup plus bas.
Dort sind die Löhne viel niedriger.

Et la fabrication des produits est beaucoup moins chère.
Und die Herstellung des Produkte ist viel billiger.

En Allemagne, les salaires sont les plus élevés de toute l'Europe.
In Deutschland sind die Löhne die höchsten von ganz Europa.

Le problème le plus difficile est de créer de nouveaux emplois.
Das schwierigste Problem ist, neue Arbeitsplätze zu schaffen.

Les gens deviennent de plus en plus âgés.
Die Menschen werden immer älter.

La pension (de retraite) ne suffit pas.
Die (Alters-)Rente reicht nicht mehr aus.

Les gens doivent travailler plus longtemps.
Die Menschen müssen länger arbeiten.

La pauvreté parmi les enfants augmente de plus en plus.
Die Kinderarmut nimmt immer mehr zu.

Umwelt und Energie

Chacun peut agir pour la protection de l'environnement.
Jeder kann etwas für den Umweltschutz tun.

L'air est devenu beaucoup plus pur.
Die Luft ist viel sauberer geworden.

Les rivières sont moins polluées qu'il y a dix ans.
Die Flüsse sind nicht mehr so verschmutzt wie vor 10 Jahren.

Les produits bio sont un peu plus chers que les autres.
Die Bioprodukte sind etwas teurer als die anderen.

Quelle est la meilleure méthode d'économiser de l'énergie?
Welches ist die beste Methode, Energie einzusparen?

L'industrie a la plus grande consommation d'énergie.
Die Industrie hat den größten Energieverbrauch.

Wörter und Ausdrücke

Gesellschaftliche Probleme [↗ WGF, S. 134-137]

Arbeitslosigkeit

Il y a plus de cinq millions *(m.)* de chômeurs *(m.)*.	*Es gibt über 5 Millionen Arbeitslose.*
Le nombre des chômeurs a augmenté / a diminué de deux pour cent.	*Die Zahl der Arbeitslosen ist um 2 % gestiegen / gefallen.*
toucher une allocation chômage	*Arbeitslosengeld bekommen*

Alterung der Gesellschaft

devenir de plus en plus âgé	*immer älter werden*
épargner pour ses vieux jours	*für sein Alter vorsorgen*
travailler plus / plus longtemps	*mehr / länger arbeiten*
travailler jusqu'à 67 ans *(m.)*	*bis 67 arbeiten*
le nombre des retraités *(m.)*	*die Anzahl der Rentner*

Armut

Il y a de plus en plus de personnes *(f.)* pauvres.	*Es gibt immer mehr Arme.*
toucher de l'aide *(f.)* sociale	*Sozialhilfe bekommen*
la pauvreté parmi les personnes âgées	*die Altersarmut*

Umwelt und Energie [↗ WGF, S. 139-142]

Umwelt

protéger l'environnement *(m.)*	*die Umwelt schützen*
L'air *(m.)* est pur/pollué.	*Die Luft ist sauber/verschmutzt.*
la pollution de l'air	*die Luftverschmutzung*
Vous avez aussi le sac jaune?	*Haben Sie auch den gelben Sack?*

Energie

les frais *(m. pl.)* d'énergie *(f.)*	*die Energiekosten*
les frais de chauffage *(m.)*	*die Heizkosten*
le prix du gaz / le prix du mazout	*der Gaspreis / der Preis für Heizöl*
dépenser de plus en plus d'argent pour le chauffage	*immer mehr Geld für die Heizung ausgeben*
économiser de l'énergie	*Energie einsparen*
consommer moins d'énergie	*weniger Energie verbrauchen*
réduire la consommation d'énergie	*den Energieverbrauch reduzieren*
chauffer sa maison à l'énergie solaire	*sein Haus mit Solarenergie heizen*

Grammatik kompakt

Die Steigerung des Adjektivs [↗ FGS, S. 50-52]

(1) Der Komparativ

Le nombre des chômeurs est **plus élevé que** **moins élevé que** **aussi élevé que** l'année dernière.	*Die Zahl der Arbeitslosen ist* ***höher als*** ***niedriger als*** ***genauso hoch wie*** *letztes Jahr.*

▶ Der Komparativ wird gebildet aus:

plus + Adjektiv + ***que***	(positive Steigerung)
moins + Adjektiv + ***que***	(negative Steigerung)
aussi + Adjektiv + ***que***	(Gleichheit)

(2) Der Superlativ

la plus grande ville **les plus belles** voitures *aber:* le film **le plus** intéressant la voiture **la moins** chère	*die größte Stadt* *die schönsten Autos* *der interessanteste Film* *das billigste Auto*

▶ Der Superlativ wird gebildet aus:

le/la/les plus + Adjektiv	(positiv)
le/la/les moins + Adjektiv	(negativ)

▶ Steht das Adjektiv vor dem Substantiv (z.B. *grand, petit, beau, gros, vieux, jeune*), so steht auch der Superlativ vor dem Substantiv *(la plus grande ville)*.

▶ Steht das Adjektiv nach dem Substantiv *(un film intéressant)*, so steht auch der Superlativ nach dem Substantiv *(le film le plus intéressant)*. Dabei wird der bestimmte Artikel des Substantivs bei dem Superlativ wiederholt.

Sonderformen

bon, bonne *(gut)*

Komparativ:
meilleur/e *(besser)*
moins bon/bonne *(schlechter, nicht so gut)*

Superlativ:
le/la meilleur/e *(der/die/das beste)*

7 Steigerung des Adjektivs – Interrogativbegleiter

cher, chère *(teuer)*

Komparativ:
plus cher/chère *(teurer)*
moins cher/chère *(billiger)*

Superlativ:
le/la plus cher/chère *(der/die/das teuerste)*
le/la moins cher/chère *(der/die/das billigste)*

Die Interrogativbegleiter [↗ FGS, S. 64]

Pour aller en ville, je prends **quel** bus?	*Um in die Stadt zu fahren, welchen Bus muss ich da nehmen?*
Pour aller à Dijon, c'est **quelle** direction *(f.)*?	*Nach Dijon, welche Richtung ist das?*
Quels sont les meilleurs portables *(m.)*?	*Welches sind die besten Handys?*
Quelles sont les voitures les moins chères?	*Welches sind die billigsten Autos?*

Singular		*Plural*
quel film *(Mask.)*	→	**quels** films
quelle photo *(Fem.)*	→	**quelles** photos

► Das Fragewort *quel* hat die Bedeutung *welche/r/s*.
  Es richtet sich in Geschlecht und Zahl nach dem zugehörigen Substantiv.

Unregelmäßige Verben

devoir *(müssen)*	**réduire** *(verringern)*
je **dois**	je **réduis**
tu dois	tu réduis
il/elle doit	il/elle réduit
nous **devons**	nous **réduisons**
vous devez	vous réduisez
ils/elles **doivent**	ils/elles réduisent
p.c.: j'ai **dû**	*p.c.:* j'ai **réduit**

suffire *(ausreichen)*

il/elle **suffit**
ils/elles **suffisent**
p.c.: il/elle a **suffi**

Übung 13

Übersetzen Sie die Sätze.

1. *Im Ausland sind die Löhne niedriger als in Deutschland.*
2. *Die Arbeitslosenzahl ist um 3 % gefallen.*
3. *Wir müssen bis 67 arbeiten.*
4. *Die Zahl der Rentner steigt immer mehr.*
5. *Ich muss für mein Alter vorsorgen.*
6. *Er bekommt Arbeitslosengeld.*
7. *Die Altersarmut ist sehr hoch.*

Übung 14

Übersetzen Sie die Sätze.

1. *Jeder muss die Umwelt schützen.*
2. *Die Luftverschmutzung hat stark (beaucoup) abgenommen.*
3. *Die Flüsse sind sauberer geworden.*
4. *Viele Leute können ihre Heizkosten nicht mehr bezahlen.*
5. *Wir heizen unser Haus mit Solarenergie.*
6. *Wir haben unseren Energieverbrauch reduziert.*

8 Adverb: Bildung, Stellung, Steigerung

Persönlichkeit

Elle est très gentille. Je la trouve très sympathique.
Sie ist sehr nett. Ich finde sie sehr sympathisch.

Il n'est pas tolérant. Il critique tout le monde.
Er ist nicht tolerant. Er kritisiert jeden.

Elle est très active. Elle fait beaucoup pour l'intégration des étrangers.
Sie ist sehr aktiv. Sie tut viel für die Integration der Ausländer.

Il s'intéresse beaucoup à la politique. Il s'informe de tout.
Er interessiert sich sehr für Politik. Er informiert sich über alles.

Il est très compétent. Il sait tout. Il dit toujours son opinion.
Er ist sehr kompetent. Er weiß alles. Er sagt immer seine Meinung.

Elle ne s'intéresse à rien. Je crois qu'elle est malheureuse.
Sie interessiert sich für nichts. Ich glaube, sie ist unglücklich.

Il ne peut pas exprimer ses sentiments. Il est totalement passif.
Er kann seine Gefühle nicht ausdrücken. Er ist total passiv.

Menschliche Beziehungen

Notre fils vient régulièrement nous voir.
Unser Sohn kommt uns regelmäßig besuchen.

Nous avons de bons contacts avec nos voisins.
Wir haben gute Kontakte zu unseren Nachbarn.

Nous avons souvent / rarement des invités.
Wir haben oft / selten Besuch.

Entre les générations, il y a toujours des conflits.
Zwischen den Generationen gibt es immer Konflikte.

On peut discuter de tout.
Man kann über alles reden / diskutieren.

Il n'est pas toujours facile de comprendre les autres.
Es ist nicht immer leicht, die anderen zu verstehen.

J'ai eu une longue discussion avec un/une collègue.
Ich hatte eine lange Diskussion mit einem Kollegen / mit einer Kollegin.

Wörter und Ausdrücke

Persönlichkeit [↗ WGF, S. 12-16]

gentil/le *(nett)*
sympathique *(sympathisch)*
joli/e *hübsch*
actif/-ive *(aktiv)*
intelligent/e *(intelligent)*
compétent/e *(fähig)*
tolérant/e *(tolerant)*

intolérant/e *(intolerant)*
incompétent/e *(inkompetent)*
passif/-ive *(passiv)*
stupide *(dumm)*
égoïste *(egoistisch)*
arrogant/e *(arrogant)*
agressif/-ive *(aggressiv)*

exprimer ses sentiments *(m.)*	*seine Gefühle ausdrücken*
aimer ses enfants	*seine Kinder lieben*
être content/e de ...	*zufrieden sein mit ...*
être heureux/-euse de ...	*glücklich sein über ...*
être malheureux/-euse	*unglücklich sein*
être triste	*traurig sein*
critiquer tout le monde	*jeden kritisieren*
Il veut toujours avoir raison.	*Er will immer Recht haben.*
Elle n'a pas le courage de dire la vérité.	*Sie hat nicht den Mut, die Wahrheit zu sagen.*
s'intéresser à la politique	*sich für Politik interessieren*
un métier intéressant	*ein interessanter Beruf*
s'informer de tout	*sich über alles informieren*
informer les jeunes sur les dangers *(m.)* du tabac *(m.)*	*die Jugendlichen über die Gefahren des Rauchens informieren*
Ces informations *(f.)* sont fausses.	*Diese Informationen sind falsch.*

Menschliche Beziehungen [↗ WGF, S. 18-22]

Je n'ai pas de contact avec ...	*Ich habe keinen Kontakt mit ...*
rester en contact *(m.)* avec ...	*in Kontakt bleiben mit*
Il vient souvent nous voir.	*Er kommt uns oft besuchen.*
partir ensemble en vacances	*gemeinsam in Urlaub fahren*
inviter qn au restaurant	*jdn zum Essen einladen*
Merci beaucoup pour votre invitation *(f.)*.	*Vielen Dank für Ihre Einladung.*
parler de ses problèmes *(m.)* à ses parents	*mit seinen Eltern über seine Probleme sprechen*
refuser toute conversation *(f.)*	*jedes Gespräch ablehnen*
On peut discuter de tout.	*Man kann über alles diskutieren.*
une longue discussion	*eine lange Diskussion*
les conflits *(m.)* entre ...	*die Konflikte zwischen ...*
mieux comprendre les étrangers	*die Ausländer besser verstehen*

Grammatik kompakt

Das Adverb [↗ FGS, S. 54-59]

(1) Das abgeleitete Adverb

Il est **totalement** passif.	*Er ist total passiv.*
C'est **complètement** faux.	*Das ist völlig falsch.*

Adjektiv *Mask. / Fem.*	*Adverb*
total, **totale** →	**totalement** *(total)*
complet, **complète** →	**complètement** *(völlig)*

▶ Das Adverb wird gebildet, indem man an die feminine Form des Adjektivs die Endung **-ment** anhängt.

(2) Die einfachen Adverbien

Ça me plaît **beaucoup**. (1)	*Das gefällt mir sehr.*
Il fume **beaucoup**. (2)	*Er raucht viel / sehr viel.*
Elle est **très** intelligente. (3)	*Sie ist sehr intelligent.*
C'est **très bien**. (4)	*Das ist sehr gut.*
Il entend **très mal**. (5)	*Er hört sehr schlecht.*
Elle parle **trop vite**.	*Sie spricht zu schnell.*

▶ Es gibt im Französischen wie im Deutschen viele einfache Adverbien, die nicht von Adjektiven abgeleitet sind.

▶ Unterscheiden Sie:
beaucoup *(sehr, viel, sehr viel)* steht bei **Verben**. (Sätze 1, 2)
très *(sehr)* steht vor **Adjektiven** (Satz 3) und **Adverbien** (Sätze 4, 5).

Unterscheiden Sie:

(gut) Adj.: bon, bonne	*Adv.:* **bien**
(schlecht) Adj.: mauvais,e	*Adv.:* **mal**
(schnell) Adj.: rapide	*Adv.:* **vite**

(3) Die Stellung des Adverbs

Elle (ne) travaille (pas) **beaucoup**. (1)	*Sie arbeitet (nicht) viel.*
J'ai **beaucoup** mangé. (2)	*Ich habe viel gegessen.*
Il veut **toujours** avoir raison. (3)	*Er will immer Recht haben.*

▶ Bei den einfachen Zeiten (z.B. beim Präsens) steht das Adverb nach dem Verb bzw. nach dem zweiten Negationselement *pas*. (Satz 1)

Bei den zusammengesetzten Zeiten (z.B. beim passé composé) steht
das Adverb meist zwischen der konjugierten Verbform und dem
participe passé. (Satz 2)
Beim (Hilfs-)Verb + Infinitiv steht das Adverb zwischen Hilfsverb
und Infinitiv. (Satz 3)

(4) Die Steigerung des Adverbs

Komparativ

Il mange **plus vite que** moi.	*Er isst schneller als ich.*
Elle mange **moins vite que** moi.	*Sie isst nicht so schnell wie ich.*
Elle nage **mieux que** moi.	*Sie schwimmt besser als ich.*
Il mange **plus / moins que** moi.	*Er isst mehr / weniger als ich.*

▶ Der Komparativ des Adverbs wird genauso gebildet wie der
Komparativ des Adjektivs.

Superlativ

Je viens **le plus vite** possible.	*Ich komme so schnell wie möglich.*
Elle travaille **le mieux.**	*Sie arbeitet am besten.*
Il mange **le plus** [plys]/ **le moins**.	*Er isst am meisten / am wenigsten.*

▶ Der Superlativ des Adverbs wird mit *le plus / le moins* + Adverb
gebildet (ohne Unterscheidung des Geschlechts).

Unterscheiden Sie:

Adj.: **bon, bonne** *(gut)*
Adv.: **bien** *(gut)*

Adj.: **meilleur, meilleure** *(besser)*
Adv.: **mieux** *(besser)*

Adj.: **le meilleur, la meilleure** *(der/die/das beste)*
Adv.: **le mieux** *(am besten)*

Unregelmäßige Verben

dire *(sagen)*	**croire** *(glauben)*
je **dis**	je **crois**
tu **dis**	tu **crois**
il/elle **dit**	il/elle **croit**
nous **disons**	nous **croyons**
vous **dites**	vous croy**ez**
ils/elles **disent**	ils/elles **croient**
p.c.: j'ai **dit**	*p.c.:* j'ai **cru**

8 Adverb: Bildung, Stellung, Steigerung

savoir *(wissen)*
je **sais**
tu sais
il/elle sai**t**
nous **savons**
vous sav**ez**
ils/elles **savent**

p.c.: j'ai **su**

Übung 15

Übersetzen Sie die Sätze.

1. *Ich glaube, sie ist nicht zufrieden mit ihrem Leben.*
2. *Diese Informationen sind völlig falsch.*
3. *Ich habe so schnell wie möglich gearbeitet.*
4. *Mein Sohn spielt besser Tennis als ich.*
5. *Meine Tochter spricht sehr gut Französisch.*
6. *In Französisch* (En français) *ist meine Tochter besser als ich.*
7. *Er ist immer sehr aggressiv. Ich weiß nicht warum.*

Übung 16

Übersetzen Sie die Sätze.

1. *Ich lade Sie zum Essen ein. – Vielen Dank für die Einladung.*
2. *Sie weiß mehr als ich. Sie interessiert sich für alles.*
3. *Er hat keinen Kontakt zu seinen Kindern. Ich verstehe ihn nicht.*
4. *Es gibt immer Konflikte zwischen Eltern und Kindern.*
5. *Unsere Kinder kommen uns regelmäßig besuchen.*
6. *Ich habe meinen Sohn über die Gefahren des Alkohols informiert.*

9 Reflexivpronomen, Frage nach Personen und Sachen

Unwohlsein – Krankheit

Je ne me sens [sã] pas bien. Je crois que je vais tomber malade.
Mir ist nicht gut. Ich glaube, ich werde krank.

J'ai mal à la tête. Et la gorge me fait aussi très mal.
Ich habe Kopfschmerzen. Und der Hals tut mir auch sehr weh.

Je vais me coucher maintenant. J'ai la grippe.
Ich gehe jetzt ins Bett. Ich habe die Grippe.

Depuis quelques jours, je ne dors pas bien.
Seit einigen Tagen schlafe ich nicht gut.

Je suis allé/e voir un médecin.
Ich war beim Arzt.

Il m'a prescrit quelque chose contre la grippe.
Er hat mir etwas gegen die Grippe verschrieben.

Ce médicament est assez cher, mais il m'a beaucoup aidé/e.
Dieses Medikament ist ziemlich teuer, aber es hat mir sehr geholfen.

Unfall

Qu'est-ce que vous avez fait là? Qu'est-ce qui s'est passé?
Was haben Sie denn da gemacht? Was ist denn passiert?

– Je me suis blessé/e au bras. J'ai eu un accident.
– Ich habe mich am Arm verletzt. Ich hatte einen Unfall.

.. J'ai heurté [œRte] une mobylette. Je ne l'ai pas vue.
.. Ich bin mit einem Mofa zusammengestoßen. Ich habe es nicht gesehen.

.. La jeune fille s'est cassé la jambe.
.. Das Mädchen hat sich das Bein gebrochen.

Vous avez eu des ennuis [ãnɥi]? ... Avec qui?
Haben Sie Ärger gehabt? ... Mit wem?

– Avec la police. Elle m'a retiré mon permis de conduire.
– Mit der Polizei. Sie hat mir den Führerschein abgenommen.

Vous avez l'air tellement furieux. A quoi pensez-vous?
Sie sehen so wütend aus. Woran denken Sie?

– Qu'est-ce que je fais maintenant, sans permis de conduire?
– Was mache ich jetzt, ohne Führerschein?

Wörter und Ausdrücke

Unwohlsein – Krankheit [↗ WGF, S. 43-49]

Comment allez-vous?	*Wie geht es Ihnen?*
Je ne vais pas bien.	*Mir geht es nicht gut.*
Je ne me sens pas bien.	*Mir ist nicht gut.*
Ça va mieux maintenant?	*Geht es Ihnen jetzt wieder besser?*
J'ai la grippe.	*Ich habe die Grippe.*
Je suis enrhumé/e.	*Ich bin erkältet.*
Bon rétablissement!	*Gute Besserung!*
J'ai mal à la tête.	*Ich habe Kopfschmerzen.*
J'ai mal à l'estomac *(m.)* [ɛstɔma].	*Ich habe Magenschmerzen.*
J'ai très mal au dos *(m.)*.	*Der Rücken tut mir so weh.*
J'ai mal aux oreilles *(f.)*.	*Ich habe Ohrenschmerzen.*
J'ai mal aux dents *(f.)*.	*Ich habe Zahnschmerzen.*
Mon bras / Ma jambe me fait mal.	*Mein Arm / Mein Bein tut mir weh.*
J'ai une allergie à la gorge.	*Ich habe eine Allergie am Hals.*
faire quelque chose pour sa santé	*etwas für seine Gesundheit tun*
Il est gravement malade.	*Er ist schwer krank.*
tomber malade	*krank werden*
Il a la maladie d'Alzheimer.	*Er hat Alzheimer.*
aller voir un médecin	*zum Arzt gehen*
aller chez un dentiste	*zum Zahnarzt gehen*
Il faut prendre ce médicament trois fois par jour.	*Man muss dieses Medikament drei Mal täglich nehmen.*

Unfall [↗ WGF, S. 46-47; 92-93]

Qu'est-ce que vous avez fait là?	*Was haben Sie denn da gemacht?*
J'ai eu un accident.	*Ich habe einen Unfall gehabt.*
Qu'est-ce qui s'est passé?	*Was ist denn passiert?*
Où/Comment ça s'est passé?	*Wo/Wie ist denn das passiert?*
Je suis tombé/e par terre.	*Ich bin hingefallen.*
Je n'ai rien eu.	*Es ist mir nichts passiert.*
Je me suis blessé/e au bras *(m.)*.	*Ich habe mich am Arm verletzt.*
Je me suis cassé la jambe.	*Ich habe mir das Bein gebrochen.*
Je me suis brûlé la main.	*Ich habe mir die Hand verbrannt.*
Ça peut arriver à tout le monde.	*Das kann jedem passieren.*
Elle a eu un accident de voiture.	*Sie hat einen Autounfall gehabt.*
Elle est gravement blessée.	*Sie ist schwer verletzt.*
Elle est à l'hôpital *(m.)*.	*Sie ist im Krankenhaus.*
L'opération *(f.)* s'est bien passée.	*Die Operation ist gut verlaufen.*
Elle va très mal.	*Es geht ihr sehr schlecht.*
Elle va déjà mieux.	*Es geht ihr schon wieder besser.*

Grammatik kompakt

Die Reflexivpronomen [↗ FGS, S. 17; 70]

se dépêcher *(sich beeilen)*	s'intéresser *(sich interessieren)*
je **me** dépêche	je **m'** intéresse
tu **te** dépêches	tu **t'**intéresses
il/elle **se** dépêche	il/elle **s'**intéresse
nous **nous** dépêchons	nous **nous** intéressons
vous **vous** dépêchez	vous **vous** intéressez
ils/elles **se** dépêchent	ils/elles **s'**intéressent

▶ Vor Vokal und stummem *h* werden *me/te/se* zu *m'/t'/s'*.

Weitere reflexive Verben:

s'informer *(sich informieren)*	s'amuser *(sich amüsieren)*
se coucher *(schlafen gehen)*	s'occuper *(sich kümmern)*
se lever *(aufstehen)*	se blesser*(sich verletzen)*
se reposer *(ausruhen)*	se sentir *(sich fühlen)*

Je **me** couche à 23 heures.	*Ich gehe um 23 Uhr zu Bett.*
Il **ne s'**intéresse **pas** à la musique.	*Er interessiert sich nicht für Musik.*
Il **ne s'**intéresse à **rien**.	*Er interessiert sich für nichts.*

▶ Die Reflexivpronomen stehen – wie auch die Objektpronomen – vor dem konjugierten Verb.
Im verneinten Satz steht das Negationselement *ne* vor dem Reflexivpronomen, das Negationselement *pas/rien* usw. nach dem konjugierten Verb.

Je vais **me** coucher maintenant.	*Ich gehe jetzt schlafen.*
Elle ne veut pas **se** reposer.	*Sie will sich nicht ausruhen.*
Vous devez **vous** dépêcher.	*Sie müssen sich beeilen.*

▶ Beim Verb + Infinitiv stehen die Reflexivpronomen vor dem Infinitiv, auch im verneinten Satz.

Je **me** suis blessé/e à la tête.	*Ich habe mich am Kopf verletzt.*
Vous **vous** êtes bien amusé/e?	*Haben Sie sich gut amüsiert?*

▶ Die reflexiven Verben bilden das passé composé mit *être*.
Bei diesen Verben richtet sich das participe passé nach dem Reflexivpronomen, wenn dieses das direkte Objekt ist. Dies ist in der Regel der Fall.

Die Frage nach Personen und Sachen [↗ FGS, S. 25]

(1) Frage nach Personen

Qui a fait ça?	*Wer hat das getan?*
Qui est-ce que vous avez vu?	*Wen haben Sie gesehen?*
Avec qui est-ce que vous avez fait ce voyage?	*Mit wem haben Sie diese Reise gemacht?*
De qui est-ce que vous parlez?	*Von wem sprechen Sie?*
A qui est-ce que vous avez dit ça?	*Wem haben Sie das gesagt?*

▶ *Subjekt:*   qui *(wer?)*
   direktes Objekt: qui est-ce que *(wen?)*
   Präposition + qui: avec qui *(mit wem?)*
                       de qui *(von wem?)*
                       à qui *(wem?)*

(2) Frage nach Sachen

Qu'est-ce qui s'est passé?	*Was ist passiert?*
Qu'est-ce que vous avez vu?	*Was haben Sie gesehen?*
Que voulez-vous?	*Was wollen Sie?*
De quoi est-ce que vous parlez?	*Wovon sprechen Sie?*
A quoi pensez-vous?	*Woran denken Sie?*

▶ *Subjekt:*   qu'est-ce qui *(was?)*
   direktes Objekt: qu'est-ce que *(was?)*
                       que *(+ Inversion) (was?)*
   Präposition + quoi: de quoi *(wovon?)*
                       à quoi *(woran?)*

Unregelmäßige Verben

dormir *(schlafen)*	**se sentir** *(sich fühlen)*
je **dors**	je me **sens**
tu **dors**	tu te **sens**
il/elle **dort**	il/elle se **sent**
nous **dormons**	nous nous **sentons**
vous **dormez**	vous vous **sentez**
ils/elles **dorment**	ils/elles se **sentent**
p.c.: j'ai **dormi**	*p.c.:* je me suis **senti/e**

> **voir** *(sehen)*
>
> je **vois**
> tu vois
> il/elle voit
> nous **voyons**
> vous voy**ez**
> ils/elles **voient**
>
> *p.c.:* **j'ai vu**

Übung 17

Übersetzen Sie die Sätze.

1. Der Magen tut mir so weh.
2. Ich glaube, ich habe die Grippe.
3. Haben Sie ein gutes Mittel gegen die Grippe?
4. Sind Sie erkältet? Gute Besserung!
5. Haben Sie gut geschlafen? Geht es Ihnen wieder besser?
6. Ich habe seit zwei Tagen starke Zahnschmerzen.
7. Sie müssen zum Zahnarzt gehen.

Übung 18

Übersetzen Sie die Sätze.

1. Haben Sie sich das Bein gebrochen?
2. Sind Sie gefallen? Wie ist denn das passiert?
3. Mein Sohn hatte einen Autounfall.
4. Er hat sich den Arm gebrochen und ist am Kopf verletzt.
5. Ist die Operation gut verlaufen?
6. Es geht ihm schon wieder besser.

10 Konditional I, Demonstrativbegleiter

Im Hotel

Avez-vous encore une chambre à un lit / une chambre à deux lits?
Haben Sie noch ein Einzelzimmer / ein Doppelzimmer?

Pourriez-vous me montrer la chambre?
Könnten Sie mir das Zimmer zeigen?

La chambre ne me plaît pas tellement.
Das Zimmer gefällt mir nicht besonders.

Est-ce que vous auriez une chambre plus calme? Je peux la voir?
Hätten Sie ein ruhigeres Zimmer? Kann ich das mal sehen?

Est-ce qu'il y a une connexion Internet [ɛ̃tɛʀnɛt] **dans cette chambre?**
Gibt es einen Internetanschluss auf diesem Zimmer?

Comment faire pour mettre / fermer la télé?
Wie schalte ich das Fernsehen ein / aus?

On peut prendre le petit déjeuner à partir de quelle heure?
Ab wann gibt es Frühstück?

Est-ce que je peux vous laisser ma valise jusqu'à cet après-midi?
Kann ich meinen Koffer bis heute Nachmittag hier lassen?

In einem Haus / Ferienhaus

Où est-ce que je peux mettre ces affaires?
Wo kann ich diese Sachen hinstellen?

Il n'y a pas de lumière dans la salle de bains.
Es gibt kein Licht im Bad.

Je ne peux pas ouvrir cette porte. Je crois qu'elle est fermée à clé.
Ich kann diese Tür nicht öffnen. Ich glaube, sie ist abgeschlossen.

Oh, je me suis trompé/e. J'ai mis la mauvaise clé.
Oh, ich habe mich vertan. Ich habe den falschen Schlüssel hineingesteckt.

A qui est-ce que je dois m'adresser pour faire réparer ça?
An wen muss ich mich wenden, um dies reparieren zu lassen?

Pourriez-vous écrire ça sur un bout de papier? Ce serait très gentil.
Könnten Sie mir dies auf ein Stück Papier schreiben? Das wäre sehr nett.

Je n'ai pas de stylo [stilo] **sur moi.**
Ich habe keinen Stift dabei.

Wörter und Ausdrücke

Im Hotel [↗ RFS, S. 60-63; WGF, S. 123-124]

J'ai réservé une chambre au nom *(m.)* de Klein.	*Ich habe ein Zimmer auf den Namen Klein reserviert.*
Est-ce que la chambre est avec salle *(f.)* de bains?	*Ist das Zimmer mit Bad?*
A quel étage *(m.)* est la chambre?	*In welchem Stock ist das Zimmer?*
On peut prendre l'ascenseur *(m.)* ?	*Kann ich den Aufzug nehmen?*
Il faut monter par l'escalier *(m.)*?	*Muss ich die Treppe nehmen nach oben?*
Pourriez-vous m'aider à monter mes bagages *(m. pl.)* / ma valise à ma chambre?	*Könnten Sie mir helfen, mein Gepäck / meinen Koffer auf mein Zimmer hochzubringen?*
Est-ce que je dois remplir un formulaire?	*Muss ich ein Formular ausfüllen?*
Cette chambre ne me plaît pas tellement.	*Dieses Zimmer gefällt mir nicht besonders.*
Est-ce que vous auriez une chambre plus grande?	*Hätten Sie ein größeres Zimmer?*
Où est-ce que je peux garer ma voiture?	*Wo kann ich meinen Wagen parken?*
On peut prendre le petit déjeuner à partir de quelle heure?	*Ab wann gibt es Frühstück?*
Vous me préparez la note, s'il vous plaît?	*Können Sie mir bitte die Rechnung fertig machen?*

In einem Haus / Ferienhaus [↗ WGF, S. 86-88]

Où se trouvent les toilettes *(f.)*?	*Wo befindet sich die Toilette??*
Où est-ce qu'on allume?	*Wo macht man das Licht an?*
La lumière aux lavabos *(m.)* ne marche pas.	*Das Licht in der Toilette funktioniert nicht.*
ouvrir la porte	*die Tür aufschließen*
La porte ne s'ouvre pas.	*Die Tür geht nicht auf.*
Il faut fermer la porte d'entrée à clé?	*Muss man die Haustür abschließen?*
Je voudrais sortir ce soir.	*Ich möchte heute Abend ausgehen.*
J'aimerais avoir un renseignement.	*Ich hätte gerne eine Auskunft.*
J'aimerais bien vous inviter.	*Ich möchte Sie gerne einladen.*
J'aimerais mieux prendre le taxi.	*Ich würde lieber ein Taxi nehmen.*
ce matin / cet après-midi *(m.)*	*heute Morgen / heute Nachmittag*
ce soir / cette nuit	*heute Abend / diese Nacht*
cette semaine / cette année	*diese Woche / dieses Jahr*
cet été *(m.)* / cet hiver *(m.)*	*diesen Sommer / diesen Winter*

Grammatik kompakt

Das Konditional I (conditionnel présent) [↗ FGS, S. 37-38]

(1) Die Bildung des Konditional I

Bei den Verben auf -er

travailler: **je travaille** → je travaille**rais** *(ich würde arbeiten)*
(1. Pers. Sing. Präs.)   tu travaille**rais**
il/elle travaille**rait**
nous travaille**rions**
vous travaille**riez**
ils/elles travaille**raient**

▶ Bildung des Konditional I der **Verben auf -er**:
   – Bilden Sie zunächst die **1. Person Singular Präsens** des Verbs.
   – Hängen Sie an diese Verbform folgende Endungen an:
    -rais, -rais, -rait, -rions, -riez, -raient.

Bei den übrigen Verben

prend**re**   →   je prend**rais** *(ich würde nehmen)*
choi**sir**   →   je choisi**rais** *(ich würde wählen)*
bo**ire**   →   je boi**rais** *(ich würde trinken)*
(Ableitung vom Infinitiv)

▶ Bei den **übrigen Verben** (Verben auf -re, -ir, -oir) wird das
   Konditional I vom **Infinitiv** abgeleitet.
   – Nehmen Sie zunächst den Infinitiv des Verbs.
   – Das -r- am Ende des Infinitivs ist zugleich das -r- der Endungen
    des conditionnel: *-rais, -rais, -rait, -rions, -riez, -raient.*

Bei einigen unregelmäßigen Verben

avoir   →   j'**aurais** *(ich hätte)*
être   →   je **serais** *(ich wäre)*
faire   →   je **ferais** *(ich würde machen)*
aller   →   j'**irais** *(ich würde gehen/fahren)*
venir   →   je **viendrais** *(ich würde kommen)*
pouvoir   →   je **pourrais** *(ich könnte)*
vouloir   →   je **voudrais** *(ich möchte)*
voir   →   je **verrais** *(ich würde sehen)*
devoir   →   je **devrais** *(ich sollte)*

(2) Der Gebrauch des Konditional I

1. Nous **pourrions** aller au restaurant ce soir.	*Wir könnten heute Abend essen gehen.*
2. Ce **serait** une bonne idée.	*Das wäre eine gute Idee.*
3. Moi, j'**aimerais** bien travailler plus.	*Ich würde gerne mehr arbeiten.*
4. **Pourriez**-vous m'aider?	*Könnten Sie mir helfen?*

▶ Das Konditional I drückt aus: 1. einen Vorschlag,
2. eine Möglichkeit oder Annahme, 3. einen Wunsch,
4. eine höfliche Bitte.

Die Demonstrativbegleiter [↗ FGS, S. 63]

C'est combien, **ce** livre *(m.)*?	*Wie teuer ist dieses Buch?*
Vous aimez **cette** musique *(f.)*?	*Mögen Sie diese Musik?*
C'est combien, **cet** appareil *(m.)*?	*Wie teuer ist dieses Gerät?*
Ces médicaments *(m.)* sont beaucoup trop chers.	*Diese Medikamente sind viel zu teuer.*
A qui sont **ces** affaires-**là** *(f.)*?	*Wem gehören diese Sachen da?*

Singular	*Plural*
ce livre *(Mask.)*	**ces** livres
cet‿hôtel *(Mask.)*	**ces**‿hôtels
cette photo *(Fem.)*	**ces** photos

▶ Im Maskulinum Singular gibt es neben *ce* die Form **cet**.
Diese Form **cet** steht vor Vokal und stummem *h*:
l'appareil *(m.)* → **cet**‿appareil, l'hôtel *(m.)* → **cet**‿hôtel

▶ Der Plural von **cette** *(f.)* lautet **ces**.

▶ **ce** livre-**là** = *dieses Buch da*
ces affaires-**là** = *diese Sachen da*
Die hinweisende Bedeutung von **ce/cet/cette/ces** wird verstärkt
durch das Anhängen von **-là** an das Substantiv.

Unregelmäßige Verben

écrire *(schreiben)*	**ouvrir** *(öffnen)*
j'**écris**	j'**ouvre**
tu écris	tu ouvre**s**
il/elle écrit	il/elle ouvre
nous **écrivons**	nous ouvr**ons**
vous écriv**ez**	vous ouvr**ez**
ils/elles écriv**ent**	ils/elles ouvr**ent**
p.c.: j'ai **écrit**	*p.c.:* j' ai **ouvert**

mettre *(legen, stellen)*
je **mets**
tu **mets**
il/elle met
nous **mettons**
vous mett**ez**
ils/elles **mettent**

p.c.: j'ai **mis**

Übung 19

Übersetzen Sie die Sätze.

1. *Haben Sie noch ein Doppelzimmer?*
2. *Hat das Zimmer ein Bad?*
3. *Kann ich das Zimmer mal sehen?*
4. *Ich würde lieber ein anderes Zimmer nehmen.*
5. *Gibt es einen Aufzug?*
6. *Kann ich mein Gepäck hier bis 4 Uhr hinstellen?*
7. *Bis wann gibt es Frühstück?*

Übung 20

Übersetzen Sie die Sätze.

1. *Wo kann ich mir die Hände waschen* (laver)*?*
2. *Es gibt kein Licht in der Toilette.*
3. *Ich kriege diese Tür nicht auf.*
4. *Könnten Sie mir mal bitte helfen?*
5. *Ich hätte gerne eine Auskunft.*
6. *Welches ist der Schlüssel, um* (pour) *die Haustür aufzuschließen?*

11 Futur I, Indefinitbegleiter *tout*

Computer und Multimedia

Je travaille beaucoup sur ordinateur.
Ich arbeite viel am Computer.

Je me suis acheté un portable.
Ich habe mir einen Laptop gekauft.

Mon lecteur de cédérom [sedeʀɔm] **est en panne.**
Mein CD-ROM-Laufwerk ist kaputt.

J'ai un ADSL à un tarif forfaitaire.
Ich habe einen DSL-Anschluss mit Flatrate.

Je m'achèterai une imprimante laser [lazɛʀ]**.**
Ich werde mir einen Laserdrucker kaufen.

J'ai reçu un e-mail [imɛl] **de mon ami.**
Ich habe eine E-Mail von meinem Freund bekommen.

Je vous enverrai tout ce texte par e-mail quand j'aurai le temps.
Ich schicke Ihnen diesen ganzen Text per E-Mail, wenn ich Zeit habe.

Mon fils passe toute la journée devant sa console de jeux vidéo.
Mein Sohn hockt den ganzen Tag vor seiner Playstation.

Handy, Telefon, Fax

J'ai un portable avec une carte prepaid [pʀipɛt]**.**
Ich habe ein Handy mit Prepaid-Karte.

Est-ce que je peux vous joindre [ʒwɛ̃dʀə] **par votre téléphone mobile?**
Kann ich Sie über Ihr Mobiltelefon erreichen?

Téléphoner sur le portable coûte assez cher.
Mit dem Handy telefonieren ist ziemlich teuer.

Quel est votre numéro de portable?
Wie ist Ihre Handynummer?

Il/Elle m'a envoyé un SMS de ses vacances.
Er/Sie hat mir eine SMS aus dem Urlaub geschickt.

IL/Elle m'a envoyé un fax. Pouvez-vous lire ce fax?
Er/Sie hat mir ein Fax geschickt. Können Sie dieses Fax lesen?

Je peux vous faxer ces documents si vous voulez.
Ich kann Ihnen diese Unterlagen durchfaxen, wenn Sie wollen.

Wörter und Ausdrücke

Computer und Multimedia [↗ WGF, S. 115-117]

travailler sur ordinateur	*am Computer arbeiten*
faire du traitement *(m.)* de texte	*Textverarbeitung machen*
installer le programme	*das Proramm auf dem P.C. / auf*
sur le P.C. / sur le portable	*dem Laptop installieren*
copier le fichier sur un CD /	*die Datei auf eine CD / auf die*
sur le disque dur	*Festplatte kopieren*
Mon lecteur de cédérom	*Mein CD-ROM-Laufwerk ist kaputt /*
est en panne / ne marche plus.	*funktioniert nicht mehr.*
montrer l'image *(f.)* sur	*das Bild auf dem Monitor*
le moniteur	*zeigen*
surfer [sœʀfe] sur Internet	*im Internet surfen*
J'ai un ADSL à un tarif	*Ich habe einen DSL-Anschluss*
forfaitaire.	*mit Flatrate.*
envoyer / recevoir un e-mail	*eine E-Mail schicken / bekommen*
télécharger le texte	*den Text herunterlagen*
une imprimante laser	*ein Laserdrucker*
imprimer le texte	*den Text ausdrucken*
une console de jeux *(m. pl.)* vidéo	*eine Playstation*
jouer aux jeux vidéo	*Computerspiele spielen*
un lecteur MP3 portable	*ein tragbarer MP3-Player*
un lecteur de CD / de DVD	*ein CD-Player / DVD-Player*

Handy, Telefon, Fax [↗ WGF, S. 117-118]

téléphoner sur le portable	*mit dem Handy telefonieren*
un portable avec une carte	*ein Handy mit Prepaid-Karte /*
prepaid / avec un contrat	*mit Vertrag*
Est-ce que je peux vous joindre	*Kann ich Sie über Handy*
par votre portable?	*erreichen?*
Quel est votre numéro	*Wie ist Ihre Handynummer?*
de portable?	
envoyer / recevoir un SMS	*eine SMS schicken / bekommen*
un téléphone fax	*ein Telefon mit Faxgerät*
Le téléphone sonne.	*Das Telefon klingelt.*
Je lui ai téléphoné ce matin.	*Ich habe mit ihm / mit ihr heute*
(téléphoner à qn)	*Morgen telefoniert.*
Je l'ai appelé/e trois fois.	*Ich habe ihn/sie drei Mal*
(appeler qn)	*angerufen.*
Avez-vous un fax?	*Haben Sie ein Faxgerät?*
envoyer / recevoir un fax	*ein Fax schicken / bekommen*
Pouvez-vous me faxer ça?	*Können Sie mir das durchfaxen?*

Grammatik kompakt

Das Futur I (futur simple) [↗ FGS, S. 34-35]

(1) Die Bildung des Futur I

Bei den Verben auf -er

acheter: **j'achète**	→	j'achète**rai** *(ich werde kaufen)*
(1. Pers. Sing. Präs.)		tu achète**ras**
		il/elle achète**ra**
		nous achète**rons**
		vous achète**rez**
		ils/elles achète**ront**

▶ Bildung des Futur I der **Verben auf -er**:
  – Bilden Sie zunächst die **1. Person Singular Präsens** des Verbs.
  – Hängen Sie an diese Verbform folgende Endungen an:
    -rai, -ras, -ra, -rons, -rez, -ront.

Bei den übrigen Verben

prend**re**	→	je prend**rai** *(ich werde nehmen)*
chois**ir**	→	je chois**irai** *(ich werde wählen)*
boi**re**	→	je boi**rai** *(ich werde trinken)*
(Ableitung vom Infinitiv)		

▶ Bei den **übrigen Verben** (Verben auf -re, -ir, -oir) wird das Futur I
  vom **Infinitiv** abgeleitet.
  – Nehmen Sie zunächst den Infinitiv des Verbs.
  – Das *-r-* am Ende des Infinitivs ist zugleich das *-r-* der
    Futur-Endungen: *-rai, -ras, -ra, -rons, -rez, -ront.*

Bei einigen unregelmäßigen Verben

avoir → j'**aurai**	vouloir → je **voudrai**
être → je **serai**	voir → je **verrai**
faire → je **ferai**	envoyer → j'**enverrai**
aller → j'**irai**	devoir → je **devrai**
venir → je **viendrai**	savoir → je **saurai**
pouvoir → je **pourrai**	

(2) Der Gebrauch des Futur I

Je vous **téléphonerai** demain soir.	*Ich rufe Sie morgen Abend an.*
L'année prochaine, j'**irai** à Rome.	*Nächstes Jahr fahre ich nach Rom.*
Je lui **parlerai** quand je le/la **verrai**.	*Ich spreche mit ihm/ihr, wenn ich ihn/sie sehe.*
J'espère qu'il/elle **répondra** bientôt à mon fax.	*Ich hoffe, dass er/sie bald auf mein Fax antwortet.*

11 Futur I – Indefinitbegleiter *tout*

▶ Das **Futur I** bezeichnet die **fernere Zukunft**
(demain soir, bientôt, l'année prochaine).
Es steht bei zukünftigen Vorgängen im Nebensatz mit *quand (= wenn)*
sowie nach dem Verb *espérer (= hoffen)*.

▶ F/D Im Deutschen steht bei zukünftigen Vorgängen häufig das
Präsens. Im Französischen muss dagegen in diesen Fällen immer das
Futur I stehen.

Der Indefinitbegleiter *tout* [↗ FGS, S. 66]

J'ai copié **tout le** fichier.	*Ich habe die ganze Datei kopiert.*
J'ai travaillé pendant **toute la** journée.	*Ich habe den ganzen Tag über gearbeitet.*
Je nage **tous les** jours.	*Ich schwimme jeden Tag.*
Il a lu **tous ses** livres.	*Er hat alle seine Bücher gelesen.*
Qu'est-ce que vous faites de **toutes ces** choses *(f.)*?	*Was machen Sie mit diesen ganzen Sachen?*

▶ Beachten Sie:
Singular: **tout le** / **toute la** *(der/die/das ganze)*
Plural: **tous les** / **toutes les** *(alle)*

▶ Zwischen *tout/toute/tous/toutes* und dem Substantiv können
an Stelle des Artikels *le/la/les* auch die Possessivbegleiter
mon/ton/son oder die Demonstrativbegleiter *ce/cet/cette/ces*
stehen.

On ne peut pas **tout** savoir.	*Man kann nicht alles wissen.*
J'ai fait ça **tout seul** / **toute seule**.	*Ich habe das ganz allein gemacht.*

▶ *tout* (alleinstehend) hat die Bedeutung „*alles*".
In Verbindung mit einem Adjektiv wird *tout* mit „*ganz*" übersetzt.

Unregelmäßige Verben

lire *(lesen)*	**envoyer** *(schicken)*
je **lis**	j'**envoie**
tu **lis**	tu envoi**es**
il/elle **lit**	il/elle envoi**e**
nous **lisons**	nous **envoyons**
vous lis**ez**	vous envoy**ez**
ils/elles lis**ent**	ils/elles **envoient**
p.c.: j'ai **lu**	*p.c.:* j' ai **envoyé**

recevoir *(bekommen)*
je **reçois**
tu reçois
il reçoit
nous **recevons**
vous rece**vez**
ils **reçoivent**

p.c.: j'ai **reçu**

Übung 21

Übersetzen Sie die Sätze.

1. *Ich habe mir einen neuen Computer gekauft.*
2. *Ich mache Textverarbeitung.*
3. *Ich muss dieses Programm noch auf meinem P.C. installieren.*
4. *Ich habe diese Datei auf eine CD kopiert.*
5. *Ich surfe nicht viel im Internet.*
6. *Mein Laserdrucker funktioniert nicht mehr.*
7. *Meine Kinder spielen jeden Tag Computerspiele.*

Übung 22

Übersetzen Sie die Sätze.

1. *Ich habe ein Handy mit Vertrag.*
2. *Sie können mich auch über Handy erreichen.*
3. *Ich werde Sie nächste Woche anrufen.*
4. *Könnten Sie mir Ihre Telefonnummer geben?*
5. *Ich werde ihr eine SMS schicken.*
6. *Haben Sie mein Fax bekommen?*

12 Imparfait, Ordnungszahlen

Wohnen in der Stadt

Jusqu'il y a deux ans, nous avons habité en ville.
Bis vor 2 Jahren haben wir in der Stadt gewohnt.

Nous avions un petit logement au centre ville.
Wir hatten eine kleine Wohnung im Stadtzentrum.

C'était un appartement de deux pièces avec cuisine et salle de bains.
Das war eine Zweizimmerwohnung mit Küche und Bad.

Notre appartement se trouvait au quatrième étage.
Unsere Wohnung lag im 4. Stock.

Les magasins étaient tout près. Ce n'était pas mal.
Die Geschäfte waren ganz in der Nähe. Das war nicht schlecht.

Seulement, il y avait beaucoup de bruit à cause de la circulation.
Nur war es sehr laut wegen des Verkehrs.

Au centre ville, il n'est pas facile de trouver une place pour se garer.
Im Stadtzentrum ist es nicht einfach, einen Parkplatz zu finden.

Wohnen auf dem Land

Maintenant, nous habitons dans un petit village.
Wir wohnen jetzt in einem kleinen Dorf.

En ville, ça m'a beaucoup plu. Je me sentais libre.
In der Stadt hat es mir sehr gut gefallen. Ich fühlte mich frei.

Je pouvais faire ce que je voulais.
Ich konnte tun, was ich wollte.

Ici, chaque habitant connaît chacun. On se sent surveillé.
Hier kennt jeder Einwohner jeden. Man fühlt sich überwacht.

Les possibilités d'achat ne sont pas très bien.
Die Einkaufsmöglichkeiten sind nicht besonders gut.

On a besoin de sa voiture.
Man ist auf sein Auto angewiesen.

Les cars ne circulent que trois fois par jour.
Die Busse fahren nur drei Mal am Tag.

Nos enfants ne mettent que dix minutes pour aller à l'école.
Unsere Kinder brauchen nur 10 Minuten bis zur Schule.

Wörter und Ausdrücke

Wohnen in der Stadt [↗ WGF, S. 82-83]

habiter en ville	*in der Stadt wohnen*
un logement au centre *(m.)* ville	*eine Wohnung im Stadtzentrum*
un appartement de deux pièces	*eine Zweizimmerwohnung*
une petite pièce	*ein kleiner Raum*
une cuisine moderne	*eine moderne Küche*
une grande salle de bains	*ein großes Bad*
la salle de séjour	*das Wohnzimmer*
la salle à manger	*das Esszimmer*
la chambre	*das Schlafzimmer*
la chambre d'enfant	*das Kinderzimmer*
la chambre d'amis	*das Gästezimmer*
le deuxième W.C. [vese]	*das Gäste-WC*
au premier/deuxième étage *(m.)*	*im ersten/zweiten Stock*
monter tout par l'escalier *(m.)*	*alles die Treppe hochtragen*
Il n'y a pas d'ascenseur *(m.).*	*Es gibt keinen Aufzug.*
au balcon *(m.)* / à la terrasse	*auf dem Balkon / auf der Terrasse*
dans le jardin / dans le garage	*im Garten / in der Garage*
les possibilités *(f.)* d'achat	*die Einkaufsmöglichkeiten*
la vie culturelle	*das kulturelle Leben*
Il est difficile de trouver	*Es ist schwer, einen Parkplatz*
une place pour se garer.	*zu finden.*
Le bruit de la circulation	*Der Verkehrslärm ist unerträglich.*
est insupportable.	
Les enfants souffrent de	*Die Kinder leiden unter der*
l'air *(m.)* pollué.	*verpesteten Luft.*

Wohnen auf dem Land [↗ WGF, S. 83-86]

Nous avons déménagé.	*Wir sind umgezogen.*
vivre à la campagne	*auf dem Land leben*
dans un petit village	*in einem kleinen Dorf*
avoir beaucoup de place *(f.)*	*viel Platz haben*
jouer dehors [dəɔʀ]	*draußen spielen*
L'air est meilleur.	*Die Luft ist besser.*
La vie est plus calme.	*Das Leben ist ruhiger.*
Il y a moins de circulation *(f.).*	*Es ist weniger Verkehr.*
On a besoin de sa voiture pour	*Man braucht sein Auto, um*
faire les courses *(f.).*	*einzukaufen.*
Les cars ne circulent pas souvent.	*Die Busse fahren nicht oft.*
En car, je mets presque	*Mit dem Bus brauche ich fast*
une heure pour aller	*eine Stunde, um zur Arbeit*
à mon travail *(m.).*	*zu fahren.*

Grammatik kompakt

Das imparfait [↗ FGS, S. 30-31]

(1) Die Bildung des imparfait

vouloir *(wollen)*
(1. Pers. Pl. Präs.) nous voul**ons** →

je voul**ais**	nous voul**ions**
tu voul**ais**	vous voul**iez**
il/elle voul**ait**	ils/elles voul**aient**

▶ Bildung des imparfait:
  – Bilden Sie zunächst die 1. Person Plural Präsens des Verbs.
  – Lassen Sie die Endung **-ons** weg und fügen Sie die imparfait-Endungen **-ais, -ais, -ait, -ions, -iez, -aient** an.

▶ imparfait von **être**:
  j'**étais**, tu **étais**, il **était**, nous **étions**, vous **étiez**, ils **étaient**

(2) passé composé oder imparfait?

passé composé	imparfait
*abgeschlossene **Handlung***	***Begleitumstände***
Frage: Was ist gewesen?	*Frage:* Was war (schon)?
Was geschah?	

Nous **avons vécu** six ans à Lyon. (1)	*Was ist gewesen (6 Jahre lang)?* *Wir haben 6 Jahre in Lyon gelebt.*
Nous **avions** un petit logement au centre ville. (2)	*Was war die ganze Zeit?* *Wir hatten eine kleine Wohnung im Stadtzentrum.*
C'**était** très pratique pour faire les courses. (3)	*Was war die ganze Zeit?* *Das war sehr praktisch zum Einkaufen.*
Le logement **se trouvait** au quatrième étage. (4)	*Was war die ganze Zeit?* *Die Wohnung lag im 4. Stock.*
Nous **sommes allés** trois fois au théâtre. (5)	*Was geschah (drei Mal)?* *Wir waren drei Mal im Theater.*
Il y a deux ans, nous **avons déménagé.** (6)	*Was geschah (vor 2 Jahren)?* *Wir sind vor 2 Jahren umgezogen.*
Nous **sommes allés** vivre à la campagne. (7)	*Was geschah?* *Wir sind aufs Land gezogen.*
Ça m'**a** beaucoup **plu** à Lyon. (8)	*Was ist gewesen (6 Jahre lang)?* *In Lyon hat es mir sehr gut gefallen.*
Je **me sentais** libre. (9)	*Was war die ganze Zeit?* *Ich fühlte mich frei.*

▶ Das **passé composé** drückt aus:
 – eine abgeschlossene (zeitlich begrenzte) Handlung
   (ohne Berücksichtigung der Zeitdauer) (Sätze 1, 8),
 – eine einmalige Handlung (Sätze 6, 7),
 – mehrere Handlungen (Satz 5).

▶ Das **imparfait** schildert:
 die **Begleitumstände,** die **Situation** (zeitlich nicht begrenzt):
 – Beschreibung eines Zustands (Sätze 2, 3, 4),
 – Beschreibung einer Person (Satz 9).

Die Ordnungszahlen [↗ FGS, S. 86]

1er	**le premier**	14^e	le/la quatorzième
1ère	**la première**	15^e	le/la quinzième
2^e	le/la deuxième	16^e	le/la seizième
3^e	le/la troisième	17^e	le/la dix-septième
4^e	le/la quatrième	18^e	le/la dix-huitième
5^e	le/la cinquième	19^e	le/la dix-neuvième
6^e	le/la sixième	20^e	le/la vingtième
7^e	le/la septième	21^e	le/la vingt et **unième**
8^e	le/la huitième	22^e	le/la vingt-deuxième
9^e	le/la neuvième	30^e	le/la trentième
10^e	le/la dixième	70^e	le/la soixante-dixième
11^e	le/la onzième	80^e	le/la quatre-vingtième
12^e	le/la douzième	100^e	le/la centième
13^e	le/la treizième	1.000^e	le/la millième

▶ Die Ordnungszahlen werden durch Anhängen von **-ième** an die
 Grundzahlen gebildet.
 Ausnahme: *le premier, la première.*

Unregelmäßige Verben

connaître *(kennen)*	**souffrir** *(leiden)*
je **connais**	je **souffre**
tu connais	tu souffres
il/elle connaît	il/elle souffre
nous **connaissons**	nous souffrons
vous connaissez	vous souffrez
ils/elles connaissent	ils/elles souffrent
p.c.: j'ai **connuu**	*p.c.:* j' ai **souffert**

plaire *(gefallen)*

je **plais**
tu plais
il/elle plaît
nous **plaisons**
vous plais**ez**
ils/elles **plaisent**

p.c.: **j'ai plu**

Übung 23

Übersetzen Sie die Sätze.

1. Bis vor drei Jahren haben wir in Dortmund gelebt.
2. Wir hatten eine kleine Wohnung im Stadtzentrum.
3. Die Wohnung lag im dritten Stock.
4. Unsere Kinder hatten keinen Platz zum Spielen.
5. Wir konnten uns nicht auf unserem Balkon aufhalten (être).
6. Der Verkehrslärm war unerträglich.
7. Wir sind vor drei Jahren aufs Land gezogen (aller vivre).

Übung 24

Übersetzen Sie die Sätze.

1. Wir leben in einem kleinen Dorf von 1000 Einwohnern.
2. Das Leben auf dem Land gefällt mir sehr gut.
3. Wir kennen viele Leute.
4. Die Einkaufsmöglichkeiten sind nicht schlecht.
5. Die Busse fahren jede Stunde.
6. Die Kinder brauchen nur 20 Minuten bis zur Schule.

13 Adverbialpronomen *y*, Personalpronomen (II)

Aufenthalt in einer Stadt

Le théâtre, c'est loin d'ici? Il y a un bus pour y aller?
Ist das Theater weit von hier? Fährt da ein Bus hin?

Ce week-end, nous ferons une excursion aux environs.
Vous venez avec nous? – Peut-être. J'y réfléchirai.
Dieses Wochenende machen wir einen Ausflug in die Umgebung.
Kommen Sie mit uns? – Vielleicht. Ich werde mal darüber nachdenken.

Vous avez déjà visité le château? Ça vaut [vo] la peine d'y aller.
Haben Sie schon das Schloss besichtigt? Das lohnt sich, dahin zu gehen.

J'espère que le beau temps tiendra jusqu'à demain. Je veux encore
participer à un tour en autocar.
Ich hoffe, das schöne Wetter hält noch bis morgen an. Ich will noch eine
Busrundfahrt mitmachen.

Le commissariat de police est loin d'ici? – C'est à deux kilomètres.
Mais venez avec moi. Je vais vous y conduire.
Ist die Polizeiwache weit von hier? – Das sind 2 km. Aber kommen Sie
doch mit mir. Ich fahre Sie dorthin.

Einkaufen

J'ai acheté cet appareil photo numérique à prix réduit.
Ich habe diese Digitalkamera zu einem herabgesetzten Preis gekauft.

Mon fils voulait avoir un téléphone portable avec télévision.
J'ai dépensé tout mon argent pour lui.
Mein Sohn wollte ein Handy mit Fernsehen. Ich habe mein ganzes
Geld für ihn ausgegeben.

J'achète la plupart des choses en ligne.
Ich kaufe die meisten Sachen online.

Ce pantalon me paraît très large. Et puis, le bleu ne me va pas.
Diese Hose kommt mir sehr weit vor. Und dann steht mir das Blau nicht.

Comment trouvez-vous cette couleur? Elle me plaît beaucoup.
Wie finden Sie diese Farbe? Sie gefällt mir sehr.

J'ai l'impression que ce T-shirt [tiʃœʀt] est un peu trop grand.
Ich habe das Gefühl, dieses T-Shirt ist etwas zu groß.

13 Adverbialpronomen y – Personalpronomen (II)

Wörter und Ausdrücke

Aufenthalt in einer Stadt [↗ WGF, S. 76-80]

l'Hôtel *(m.)* de Ville *(Stadt)*	*das Rathaus*
la mairie *(Dorf)*	*das Rathaus*
le commissariat de police	*das Polizeirevier*
l'office *(m.)* de tourisme	*das Verkehrsamt*
la vieille ville	*die Altstadt*
la zone [zon] piétonne	*die Fußgängerzone*
le plan de la ville	*der Stadtplan*
une liste des hôtels	*ein Hotelverzeichnis*

Le théâtre, c'est loin d'ici?	*Ist das Theater weit von hier?*
C'est loin à pied?	*Ist das weit zu Fuß?*
Il y a un bus pour y aller?	*Fährt da ein Bus hin?*
C'est la première / la deuxième rue à droite / à gauche.	*Das ist die 1. / die 2. Straße rechts/links.*
aller tout droit jusqu'au feu *(m.)*	*geradeaus gehen bis zur Ampel*
tourner à droite / à gauche	*rechts/links abbiegen*
A quelle heure ouvre/ferme le musée?	*Um wie viel Uhr öffnet/schließt das Museum?*
Le musée est fermé aujourd'hui.	*Das Museum hat heute geschlossen.*

Einkaufen [↗ RFS, S. 67-69; WGF, S. 66-69]

Est-ce que les magasins sont ouverts le lundi matin?	*Haben die Geschäfte montagmorgens geöffnet?*
faire des courses *(f. pl.)*	*einkaufen gehen*
aller au supermarché *(m.)*	*zum Supermarkt gehen*
la boulangerie	*die Bäckerei*
la boucherie-charcuterie	*die Metzgerei*
l'épicerie *(f.)*	*das Lebensmittelgeschäft*

Je voudrais une baguette comme ça.	*Ich hätte gern so ein Baguette.*
Qu'est-ce que c'est, cette salade-là? Elle paraît très bien.	*Was ist das für ein Salat da? Er sieht sehr gut aus.*
Ah, j'ai presque oublié: il me faut encore un peu de fromage.	*Ach, ich hätte fast vergessen: ich brauche noch etwas Käse.*
Je prends 200 grammes de ce fromage-là. C'est tout.	*Ich nehme 200 g von diesem Käse da. Das ist alles.*

Je voudrais un pull comme ça. Je peux l'essayer?	*Ich hätte gern so einen Pullover. Kann ich ihn anprobieren?*
Vous n'avez pas plus petit / plus grand?	*Haben Sie das nicht in kleiner/größer?*
Vous n'avez pas autre chose?	*Haben Sie nicht etwas anderes?*

Grammatik kompakt

Das Adverbialpronomen «y» [↗ FGS, S. 72-73]

(1) «y» als Ortsangabe

Cet été, je vais **à** Rome / **en** Bretagne / **dans** les Alpes / **sur** la Côte d'Azur / **chez** des amis à Londres. J'**y** suis déjà allé/e l'année dernière.	*Diesen Sommer fahre ich nach Rom / in die Bretagne / in die Alpen / an die Côte d'Azur / zu Freunden nach London. Ich war schon letztes Jahr dort.*

▶ «y» ersetzt **Ortsangaben** mit den Präpositionen *à/en/dans/sur/chez* (dt: *„dort/da"* bzw. *„dorthin/dahin"*).

(2) «y» als Ersatz für „*à* + Substantiv der Sache"

J'**y** penserai. (= Je penserai *à votre invitation*.)	*Ich werde **daran** denken. (= Ich werde an Ihre Einladung denken.)*
Je vais **y** réfléchir. (= Je vais réfléchir *à cette proposition*.)	*Ich will erst noch einmal **darüber** nachdenken. (= Ich will erst noch einmal über diesen Vorschlag nachdenken.)*
Je ne m'**y** intéresse pas. (= Je ne m'intéresse pas *à la boxe*.)	*Ich interessiere mich nicht **dafür**. (= Ich interessiere mich nicht für Boxen.)*

▶ «y» steht für „*à* + Substantiv der Sache".

Verben mit „*à* + Substantiv der Sache":

penser **à** qc	*an etw. denken*
réfléchir **à** qc	*über etw. nachdenken*
s'intéresser **à** qc	*sich für etw. interessieren*

Unterscheiden Sie:

à + Substantiv der Sache → **y**

J'**y** ai déjà répondu. (= J'ai déjà répondu *à cette lettre*.)	*Jch habe ihn schon beantwortet. (= Ich habe diesen Brief schon beantwortet.)*

à + Substantiv der Person → ***lui/leur*** (Objektpronomen)

Je **lui/leur** ai déjà répondu. (= J'ai déjà répondu *à Marc / à Marc et Eric*.)	*Ich habe ihm/ihnen schon geantwortet. (= Ich habe Marc / Marc und Eric schon geantwortet.)*

13 Adverbialpronomen y – Personalpronomen (II)

Die Personalpronomen (II)
Die unverbundenen Personalpronomen [↗ FGS, S. 75]

Moi, je vais au cinéma. (1)	*Ich gehe ins Kino.*
J'habite chez **eux** [ø]. (2)	*Ich wohne bei ihnen.*
Elle parle le français beaucoup mieux que **moi**. (3)	*Sie spricht viel besser Französisch als ich.*
Mme Lavisse, c'est **vous**? (4)	*Sind Sie Frau Lavisse?*
Il a arrêté de fumer.	*Er hat mit dem Rauchen aufgehört.*
– **Moi** aussi. (5)	*– Ich auch.*

Übersicht über die unverbundenen Personalpronomen

Singular	*Plural*
moi *(je ...)*	nous *(nous ...)*
toi *(tu ...)*	vous *(vous ...)*
lui *(il ...)*	**eux** *(ils ...)*
elle *(elle ...)*	elles *(elles ...)*

Merken Sie sich besonders die fett gedruckten Formen *moi, toi, lui, eux*. Die anderen Formen sind wie die Subjektpronomen.

▶ Die unverbundenen Personalpronomen stehen:
  – zur Hervorhebung des Subjekts (*Moi, je ...* / *Toi, tu ...*/ ...) (1),
  – nach Präpositionen (2),
  – nach *que* in Vergleichssätzen (3),
  – nach *c'est* (4),
  – allein, d.h. in Sätzen ohne Verb (5).

Unregelmäßige Verben

conduire *(hinbringen)*	**tenir** *(halten)*
je **condîuis**	je **tiens**
tu conduis	tu tiens
il/elle conduit	il/elle tient
nous **conduisons**	nous **tenons**
vous conduisez	vous tenez
ils/elles conduisent	ils/elles **tiennent**
p.c.: j'ai **conduit**	*p.c.:* j'ai **tenu**

paraître (scheinen)
je **parais**
tu parais
il/elle para**ît**
nous **paraissons**
vous paraiss**ez**
ils/elles paraiss**ent**

p.c.: j'ai **paru**

Übung 25

Übersetzen Sie die Sätze.

1. Zum Bahnhof, ist das weit zu Fuß?
2. Also, ich gehe bis zur 2. Ampel. Ich biege links ab.
3. Haben Sie ein Verzeichnis der Hotels und Resraurants?
4. Können Sie mir das auf diesem Stadtplan zeigen?
5. Um wie viel Uhr beginnt die Führung durch die Stadt?
6. Könnten Sie mich zum Rathaus mitnehmen (emmener)?
7. Ich hoffe, dass das schöne Wetter noch bis Samstag anhält.

Übung 26

Übersetzen Sie die Sätze.

1. Ich kaufe alle meine Bücher online.
2. Für mich ist es sehr praktisch einzukaufen.
3. Die meisten Geschäfte sind ganz in der Nähe.
4. Bis um wie viel Uhr haben die Geschäfte geöffnet?
5. Ich hätte gern 300 g von diesem Salat da.
6. Was ist das für ein Käse da? Er sieht sehr gut aus.

14 Adverbialpronomen *en*, Plusquamperfekt, Uhrzeit

Privates Essen mit Franzosen

Qu'est-ce que je vous offre à boire?
Was darf ich Ihnen zu trinken anbieten?

Vous prenez encore un peu de vin?
Nehmen Sie noch etwas Wein?

– Non, merci. J'en ai déjà bu deux verres.
– Nein, danke. Ich habe schon zwei Glas getrunken.

Mais servez-vous. Voici encore de la viande.
Aber bedienen Sie sich doch! Hier ist noch Fleisch.

– Merci beaucoup. C'est très bon, la viande. Mais je n'en prends plus.
– Vielen Dank. Das Fleisch schmeckt sehr gut. Aber ich nehme nichts mehr.

Oh, il est déjà onze heures et quart (23h15). Je dois me dépêcher.
Mon bus part dans dix minutes.
Oh, es ist schon Viertel nach elf. Ich muss mich beeilen. Mein Bus fährt
in 10 Minuten.

Merci beaucoup pour votre invitation. Ça m'a beaucoup plu.
Vielen Dank für Ihre Einladung. Es hat mir sehr gefallen.

Geld

Il a des difficultés financières. Il a beaucoup de dettes.
Er ist in finanziellen Schwierigkeiten. Er hat einen Haufen Schulden.

Il a acheté sa voiture à crédit. Je crois que je vous en ai déjà parlé.
Er hat sein Auto auf Kredit gekauft. Ich glaube, ich habe Ihnen schon
davon erzählt.

Il a perdu tout son argent. Il avait placé son argent dans des actions.
Er hat sein ganzes Geld verloren. Er hatte sein Geld in Aktien angelegt.

Je n'ai plus d'argent. J'étais déjà allé/e à la banque retirer
de l'argent, mais elle était fermée.
Ich habe kein Geld mehr. Ich war schon bei der Bank gewesen, um Geld
abzuheben, aber sie hatte geschlossen.

Pouvez-vous changer 100 euros?
Können Sie mir 100 € wechseln?

Est-ce qu'il y a un distributeur de billets près d'ici?
Gibt es hier in der Nähe einen Geldautomaten?

Wörter und Ausdrücke

Privates Essen mit Franzosen [↗ WGF, S. 57-59; RFS, S. 80-83]

Asseyez-vous, s'il vous plaît.	*Nehmen Sie doch bitte Platz.*
Je peux vous offrir quelque chose?	*Darf ich Ihnen etwas anbieten?*
– Oui, je veux bien.	*– Ja, gerne.*
Je prends un café.	*Ich nehme Kaffee.*
Je peux vous offrir autre chose?	*Kann ich Ihnen etwas anderes anbieten?*
Vous prenez encore un peu de vin *(m.)*?	*Nehmen Sie noch etwas Wein?*
– Oui, mais juste un petit peu.	*– Ja, aber nur noch ein klein wenig.*
– Non, merci. Je préfère l'eau *(f.)* minérale.	*– Nein, danke. Ich nehme lieber Mineralwasser.*
A votre santé!	*Zum Wohl!*
– A la vôtre!	*– Auf Ihr Wohl!*
Bon appétit.	*Guten Appetit!*
– Merci, à vous aussi.	*– Danke gleichfalls.*
Vous me passez le sel, s'il vous plaît?	*Könnten Sie mir bitte das Salz herüberreichen?*
C'est très bon, la viande.	*Das Fleisch schmeckt sehr gut.*
C'est excellent.	*Das schmeckt ausgezeichnet.*

Geld [↗ WGF, S. 71-74]

C'est combien?	*Wie viel kostet das?*
Ça coûte combien?	*Wie viel kostet das?*
C'est trop cher.	*Das ist zu teuer.*
Je n'ai qu'un billet de 100 €.	*Ich habe nur einen 100 €-Schein.*
Pouvez-vous changer 100 €?	*Können Sie mir 100 € wechseln?*
Elle ne gagne pas mal.	*Sie verdient nicht schlecht.*
Il a gagné au loto *(m.)*.	*Er hat im Lotto gewonnen.*
dépenser tout son argent	*sein ganzes Geld ausgeben*
acheter qc à crédit *(m.)*	*etw. auf Kredit kaufen*
avoir beaucoup de dettes*(f.)*	*einen Haufen Schulden haben*
épargner pour ses vacances *(f.)*	*für den Urlaub sparen*
retirer de l'argent *(m.)*	*Geld abheben*
avoir un compte	*ein Konto haben*
le numéro de compte	*die Kontonummer*
placer son argent dans des actions *(f.)*	*sein Geld in Aktien anlegen*
perdre tout son argent	*sein ganzes Geld verlieren*
investir beaucoup d'argent dans son entreprise *(f.)*	*viel Geld in seine Firma investieren*

Grammatik kompakt

Das Adverbialpronomen «*en*» [↗ FGS, S. 71]

(1) «*en*» als Mengenangabe

Vous prenez encore **du café**?	*Nehmen Sie noch Kaffee?*
= Vous **en** prenez encore. (1)	*= Nehmen Sie noch **welchen**?*
J'ai mangé **beaucoup de viande**.	*Ich habe viel Fleisch gegessen.*
= J'**en** ai mangé beauoup. (2)	*= Ich habe viel **davon** gegessen.*
Je **n'**ai **plus d'argent**.	*Ich habe kein Geld mehr.*
= Je n'**en** ai plus. (3)	*= Ich habe **keins** mehr.*
J'ai mangé **deux bananes**.	*Ich habe zwei Bananen gegessen.*
= J'**en** ai mangé deux. (4)	*= Ich habe zwei (**davon**) gegessen.*

▶ «*en*» steht als Mengenangabe:
- statt eines Substantivs mit dem Teilungsartikel *du/de la/de l'/des* (Satz 1),
- statt „*de* + Substantiv" bei Mengenangaben. (Satz 2),
- statt „*de* + Substantiv" bei einer Negation (Satz 3),
- statt eines Substantivs bei einem Zahlwort (Satz 4).

(2) «*en*» als Ersatz für „*de* + Substantiv der Sache"

J'**en** ai déjà parlé à Eric.	*Ich habe schon **darüber** mit Eric gesprochen.*
(= J'ai déjà parlé *de ce projet* à Eric.)	*(= Ich habe schon mit Eric über diesen Plan gesprochen.)*
Je m'**en** occuperai.	*Ich werde mich **darum** kümmern.*
(= Je m'occuperai *de cette réparation*.)	*(= Ich werde mich um diese Reparatur kümmern.)*

▶ «*en*» steht für „*de* + Substantiv", das eine Sache bezeichnet.

Verben und Ausdrücke mit „*de* + Substantiv der Sache":

parler **de** qc	*von/über etw. sprechen*
s'occuper **de** qc	*sich um etw. kümmern*
avoir besoin **de** qc	*etw. brauchen*
Je n'**en** ai pas besoin.	*Ich brauche das nicht.*
avoir peur **de** qc	*vor etw. Angst haben*
Je n'**en** ai pas peur.	*Ich habe keine Angst davor.*
être heureux/heureuse **de** qc	*sich über etw. freuen*
être content/e **de** qc	*über etw. froh sein*

Das plus-que-parfait [↗ FGS, S. 32]

dire *(sagen)*	**partir** *(fortgehen, abfahren)*
j'**avais** dit	j'**étais** parti(e)
tu **avais** dit	tu **étais** parti(e)
il/elle **avait** dit	il/elle **était** parti(e)
nous **avions** dit	nous **étions** parti(e)s
vous **aviez** dit	vous **étiez** parti(e,s,es)
ils/elles **avaient** dit	ils/elles **étaient** parti(e)s

▶ Das plus-que-parfait wird gebildet aus dem **imparfait** von *avoir* bzw. *être* und dem participe passé des Verbs.

▶ Für die Wahl von *avoir* bzw. *être* und für die Veränderlichkeit des participe passé gelten die gleichen Regeln wie beim passé composé, d.h. die Verben der Bewegungsrichtung sowie die reflexiven Verben bilden das plus-que-parfait mit *être*.
Reflexive Verben: **se blesser**: je **m'étais** blessé(e), usw.

J'**avais** déjà **essayé** ce matin de vous appeler.	Ich hatte heute Morgen schon ein Mal versucht, Sie anzurufen.
Je croyais qu'il/elle **était parti**(e).	Ich dachte, er/sie wäre verreist.

▶ Das plus-que-parfait steht für ein Ereignis, das vor einem anderen Ereignis in der Vergangenheit liegt.

Die Uhrzeit [↗ FGS, S. 88]

15h00	Il est trois heures.	*(Es ist drei Uhr.)*
15h10	Il est trois heures dix.	*(Es ist 10 nach drei.)*
15h15	Il est trois heures **et quart**.	*(Es ist Viertel nach drei.)*
15h30	Il est trois heures **et demie**.	*(Es ist halb vier.)*
15h45	Il est **quatre** heures **moins le quart**.	*(Es ist Viertel vor vier.)*
15h55	Il est **quatre** heures **moins** cinq.	*(Es ist 5 vor vier.)*

12h00	Il est midi.	*(Es ist 12 Uhr.)*
12h30	Il est midi **et demi**.	*(Es ist halb eins.)*
00h00	Il est minuit.	*(Es ist Mitternacht.)*
00h15	Il est minuit **et quart**.	*(Es ist Viertel nach 12.)*

15h30	Il est quinze heures trente.	*(Es ist 15.35 Uhr.)*
12h15	Il est douze heures quinze.	*(Es ist 12.15 Uhr.)*
00h45	Il est zéro heure quarante-cinq.	*(Es ist 00.45 Uhr.)*

▶ Bei offiziellen Zeitangaben (im Radio, Fernsehen, usw.) wird wie im Deutschen durchgezählt.

Übung 27

Übersetzen Sie die Sätze.

1. *Hier ist Kaffee. Wollen Sie noch welchen?*

2. *Nehmen Sie Milch in Ihren Kaffee?*

3. *Nehmen Sie noch etwas Wein? – Danke, ich nehme nichts mehr.*

4. *Guten Appetit! – Danke, gleichfalls.*

5. *Bedienen Sie sich doch! Nehmen Sie kein Fleisch? – Doch, doch.*

6. *Oh, es ist schon halb sechs. Ich muss mich beeilen. Mein Zug fährt in einer viertel Stunde* (un quart d'heure).

Übung 28

Übersetzen Sie die Sätze.

1. *Ich dachte, Sie hätten ein neues Auto gekauft.*

2. *Ich finde, das ist viel zu teuer. Ich brauche das nicht.*

3. *Alles ist teurer geworden.*

4. *Ich habe nur einen 20 €-Schein.*

5. *Ich habe mein ganzes Geld ausgegeben.*

6. *Es ist nicht schlecht, sein Geld in Aktien anzulegen.*

15 Bedingungssatz, Relativpronomen

Tägliches Leben

Mon mari ne m'aide pas beaucoup à faire le ménage.
Mein Mann hilft mir nicht viel im Haushalt.

C'est ma fille qui s'occupe de faire la lessive.
Das ist meine Tochter, die sich um die Wäsche kümmert.

Si mon fils rangeait sa chambre, j'aurais moins de travail.
Wenn mein Sohn sein Zimmer aufräumen würde, hätte ich weniger Arbeit.

Il n'est pas content de l'argent de poche que nous lui donnons.
Er ist nicht zufrieden mit dem Taschengeld, das wir ihm geben.

Ma fille paie elle-même les livres dont elle a besoin.
Meine Tochter bezahlt die Bücher, die sie braucht, selbst.

Je n'ai pas beaucoup de temps pour prendre le petit déjeuner.
Ich habe nicht viel Zeit zum Frühstücken.

Je déjeune à la cantine. Je ne rentre qu'à dix-huit heures.
Ich esse in der Kantine. Ich komme erst um 18 Uhr nach Hause.

Si j'ai le temps, je fais vite les courses.
Wenn ich Zeit habe, gehe ich schnell einkaufen.

Auto und Verkehr

Je prends la voiture pour aller à mon travail. Ça va plus vite.
Ich fahre mit dem Auto zur Arbeit. Das geht schneller.

Si j'avais plus de temps, je prendrais le vélo.
Wenn ich mehr Zeit hätte, würde ich mit dem Fahrrad fahren.

Il y a beaucoup de circulation le matin.
Morgens ist viel Verkehr.

**Dans le quartier où nous habitons, la vitesse est limitée à 30 km
à l'heure.**
*In dem Viertel, wo wir wohnen, ist die Geschwindigkeit auf 30 km/h
begrenzt.*

L'essence coûte de plus en plus cher.
Das Benzin wird immer teurer.

Je me rappelle très bien le jour où j'ai eu un accident.
Ich erinnere mich sehr gut an den Tag, an dem ich einen Unfall hatte.

Wörter und Ausdrücke

Tägliches Leben [↗ WGF, S. 37-41]

faire le ménage	*den Haushalt machen*
s'occuper du ménage	*sich um den Haushalt kümmern*
faire son lit *(m.)*	*sein Bett machen*
ranger sa chambre *(f.)*	*sein Zimmer aufräumen*
passer l'aspirateur *(m.)*	*staubsaugen*
faire la lessive	*waschen, Wäsche haben*
Le lave-linge est en panne.	*Die Waschmaschine ist kaputt.*
faire la cuisine	*kochen*
préparer les repas *(m.)*	*das Essen machen*
préparer le déjeuner	*das Mittagessen machen*
se lever à six heures	*um 6 Uhr aufstehen*
mettre une demi-heure pour faire sa toilette	*eine halbe Stunde brauchen, um sich zu richten*
prendre sa douche	*duschen*
prendre le petit déjeuner	*frühstücken*
rentrer pour déjeuner	*zum Essen nach Hause kommen*
rentrer de l'école *(f.)*	*aus der Schule kommen*
rentrer de son travail *(m.)*	*von der Arbeit kommen*
préparer le dîner	*das Abendessen machen*
se coucher tard	*spät schlafen gehen*

Auto und Verkehr [↗ WGF, S. 90-93]

aller à l'école à pied	*zu Fuß zur Schule gehen*
aller au travail en vélo *(m.)* / en voiture *(f.)* / en bus *(m.)*	*mit dem Rad/Auto/Bus zur Arbeit fahren*
Il y a beaucoup de circulation.	*Es ist viel Verkehr.*
les dangers *(m.)* de la circulation	*die Gefahren des Verkehrs*
Il est très dangereux de jouer dans la rue.	*Es ist sehr gefährlich, auf der Straße zu spielen.*
Sur les autoroutes *(f.)*, la vitesse n'est pas limitée.	*Auf den Autobahnen ist die Geschwindigkeit nicht begrenzt.*
rouler à 30 km à l'heure	*30 Stundenkilometer fahren*
emmener qn (je vous emmène)	*jdn mitnehmen (im Auto)*
prendre de l'essence *(f.)*	*tanken*
la station-service	*die Tankstelle*
L'essence *(f.)* coûte très cher.	*Das Benzin ist sehr teuer.*
La voiture me fait beaucoup d'ennuis *(m. pl.)* [ãnɥi].	*Ich habe viel Ärger mit dem Wagen.*
le garage	*die Werkstatt*
réparer / la réparation	*reparieren / die Reparatur*
J'ai eu un accident de voiture.	*Ich hatte einen Autounfall.*

Grammatik kompakt

Der Bedingungssatz (*si*-Satz) [↗ FGS, S. 40-41]

(1) Die Möglichkeit

Si vous **êtes** d'accord, je **passerai** chez vous.	*Wenn Sie einverstanden sind, komme ich bei Ihnen vorbei.*
Si c'**est** comme ça, on ne **peut** rien faire.	*Wenn das so ist, dann kann man nichts machen.*

▶ *si* + Präsens — Hauptsatz: **Futur** (oder **Präsens**)

▶ | F/D | Für „*wenn*" kann im Französischen **si** oder **quand** stehen.

wenn (*= falls*) – **si** (Bedingungssatz)
wenn (*= dann, wenn*) – **quand** (Temporalsatz)

Si j'ai le temps, je viendrai demain soir.	***Wenn*** (*= Falls*) *ich Zeit habe, komme ich morgen Abend.*
Quand je rentre de mon travail, je suis fatigué/e.	***Wenn*** (*= Dann, wenn*) *ich von der Arbeit heimkomme, bin ich müde.*

(2) Die Unwahrscheinlichkeit

Qu'est-ce que vous **feriez** **si** vous **perdiez** votre emploi?	*Was würden Sie machen, wenn Sie Ihren Arbeitsplatz verlieren würden?*

si + imparfait — Hauptsatz: **conditionnel présent**

▶ | F/D | Im *si*-Satz steht **kein conditionnel**.

(dt.:) **Wenn er / Wenn sie** mehr **arbeiten würde**, *würde er/sie mehr verdienen.*
(frz.:) **S'il / Si elle travaillait** plus, il/elle gagnerait plus d'argent.

▶ Beachten Sie:
Vor *il* und *ils* wird *si* zu *s'*: *s'il* ..., *s'ils* ...
aber: *si elle* ..., *si elles* ...

▶ | F/D | Unterscheiden Sie:
„*ich würde*" usw. (+ Verb) wird im Französischen immer durch das **conditionnel** des Verbs ausgedrückt.
ich **würde** *arbeiten* = je travaille**rais**
aber:
„**je voudrais**" (+ Infinitiv) heißt im Deutschen „***ich möchte***" (+ Verb)
je voudrais travailler = *ich möchte arbeiten*

15 Bedingungssatz – Relativpronomen

Die Relativpronomen [↗ FGS, S. 76-77]

(1) qui

Voici les photos *(f.)* **qui** me plaisent le plus [plys].	*Das hier sind die Fotos, die mir am besten gefallen.*

- ▶ *qui* ist immer das **Subjekt** des Relativsatzes. Es bezieht sich auf Personen und Sachen, im Singular und Plural, Maskulinum und Femininum.
- ▶ *qui* wird nie apostrophiert.

(2) que

Les gens *(m.)* **qu'**on rencontre en ville, ce sont les touristes.	*Die Leute, die man in der Stadt trifft, das sind Touristen.*

- ▶ *que* ist immer das **direkte Objekt** des Relativsatzes. Es bezieht sich auf Personen und Sachen, im Singular und Plural, Maskulinum und Femininum.
- ▶ *que* wird vor Vokal zu *qu'* apostrophiert.

(3) où

J'habite dans une région **où** le chômage est très élevé. (1)	*Ich wohne in einer Region, in der / wo die Arbeitslosigkeit sehr hoch ist.*
Je me rappelle très bien le jour **où** j'ai passé mon permis de conduire. (2)	*Ich erinnere mich noch sehr gut an den Tag, an dem ich meinen Führerschein gemacht habe.*

- ▶ Das Relativpronomen *où* steht bei **Ortsangaben**. (Satz 1) *où* wird aber auch bei **Zeitangaben** verwendet. (Satz 2)

(4) dont

Voici l'acteur **dont** je vous ai parlé. (1)	*Das ist der Schauspieler, von dem ich Ihnen erzählt habe.*
Je paie moi-même les livres **dont** j'ai besoin. (2)	*Ich bezahle die Bücher, die ich brauche, selbst.*

- ▶ Das Relativpronomen **dont** steht für eine Ergänzung mit *de*. *dont* bezieht sich generell auf Personen (Satz 1) und Sachen (Satz 2).
  parler **de qn** (*„von jdm sprechen"*) → **dont** (Person)
  avoir besoin **de qc** (*„etw. brauchen"*) → **dont** (Sache)

Übung 29

Übersetzen Sie die Sätze.

1. Ich muss den Haushalt alleine machen.
2. Mein Mann kümmert sich nicht um den Haushalt.
3. Mein Sohn räumt nie sein Zimmer auf.
4. Wenn er sein Bett machen würde, wäre ich sehr zufrieden.
5. Ich stehe um halb sieben auf.
6. Ich habe keine Zeit, zum Mittagessen nach Hause zu gehen.
7. Wenn ich um 18 Uhr heimkomme, mache ich das Abendessen.

Übung 30

Übersetzen Sie die Sätze.

1. Meine Kinder fahren mit dem Bus zur Schule.
2. Die Kinder kennen die Gefahren des Verkehrs nicht.
3. In der Stadt darf man nur 60 km/h fahren.
4. Das Auto meines Mannes ist kaputt. Es ist in einer Werkstatt.
5. Die Reparatur dauert 3 Tage.
6. Wenn Sie wollen, nehme ich Sie zum Bahnhof mit.

16 Indirekte Rede, Datum

Bus, Bahn und Flugzeug

Je ne sais pas pourquoi mon fils n'est pas encore arrivé.
Ich weiß nicht, warum mein Sohn noch nicht angekommen ist.

Je me demande ce qui s'est passé. Je crois qu'il a manqué son bus.
Ich frage mich, was passiert ist. Ich glaube, er hat den Bus verpasst.

Le deux mai, je partirai à Paris. Je prendrai le train.
Ich fahre am 2. Mai nach Paris. Ich fahre mit dem Zug.

C'est vrai que la plupart des trains sont en retard?
Stimmt es, dass die meisten Züge Verspätung haben?

Ma fille ne sait pas encore si elle ira en Espagne en avion.
Meine Tochter weiß noch nicht, ob sie nach Spanien fliegt.

Je me demande ce qu'elle y fera sans argent.
Ich frage mich, was sie dort ohne Geld machen wird.

Elle me dit toujours qu'elle sait se débrouiller.
Sie sagt mir immer, sie wüsste, wie sie zurechtkommt.

Elle dit qu'elle volera avec une compagnie aérienne à bas prix.
Sie sagt, dass sie mit einer Billigfluglinie fliegen wird.

Wetter und Klima

La météo a dit qu'il ferait beau demain.
Der Wetterbericht hat gesagt, morgen wäre schönes Wetter..

Marc a téléphoné de Grèce. Il a dit qu'il avait un temps super.
Marc hat aus Griechenland angerufen. Er sagte, er hätte tolles Wetter.

Il faudrait avoir plus de temps pour profiter du beau temps.
Man müsste mehr Zeit haben, um das schöne Wetter zu genießen.

A la télé, on a dit qu'il y aurait un gros orage ce soir.
Ich habe im Fernsehen gehört, heute Abend gäbe es ein schweres Gewitter.

On a dit qu'il n'avait pas assez plu ces derniers mois.
Man hat gesagt, es hätte in den letzten Monaten nicht genug geregnet.

J'ai lu qu'il y avait eu un tremblement de terre en Turquie.
Ich habe gelesen, dass es in der Türkei ein Erdbeben gegeben hat.

On a dit que ce tremblement de terre avait fait plus de mille morts.
Ich habe gehört, bei dem Erdbeben hätte es über 1.000 Tote gegeben.

Wörter und Ausdrücke

Bus, Bahn und Flugzeug [↗ WGF, S. 93-97; RFS, S. 72-76]

le ticket de bus	*die Busfahrkarte*
l'arrêt *(m.)* d'autobus	*die Bushaltestelle*
manquer le bus	*den Bus verpassen*
Les bus circulent toutes les 20 minutes.	*Die Busse fahren alle 20 Minuten.*
la station de métro	*die U-Bahn-Station*
prendre la ligne 10	*die Linie 10 nehmen*
A quelle station est-ce qu'il faut descendre?	*An welcher Station muss ich aussteigen?*
le billet de train	*die Zugfahrkarte*
prendre son billet au distributeur *(m.)* de billets	*seine Fahrkarte am Fahrkarten-automat lösen*
prendre un aller / un aller et retour	*eine Einfache Fahrt / eine Rückfahrkarte nehmen*
aller en avion à Paris	*nach Paris fliegen*
un vol à bas prix	*ein Billigflug*
voler avec Air-France	*mit Air-France fliegen*
réserver le billet d'avion en ligne	*den Flug online buchen*
venir prendre qn à l'aéroport *(m.)*	*jdn am Flughafen abholen*

Wetter und Klima [↗ WGF, S. 99-103]

Il fait beau/mauvais.	*Es ist schönes/schlechtes Wetter.*
écouter la météo	*den Wetterbericht hören*
Il fait 33 degrés *(m.)*.	*Es ist 33 Grad.*
Il fait très chaud / très froid.	*Es ist sehr warm / sehr kalt.*
Il pleut.	*Es regnet.*
Il a commencé à pleuvoir.	*Es hat angefangen zu regnen.*
Il y a beaucoup de vent *(m.)*.	*Es geht ein starker Wind.*
Il y a de la tempête.	*Es stürmt.*
Il va faire de l'orage *(m.)*.	*Es kommt gleich ein Gewitter.*
Il y a du brouillard *(m.)*.	*Es ist neblig.*
Je crois qu'il va neiger.	*Ich glaube, es gibt Schnee.*
Il fait moins 15 degrés *(m.)*.	*Es ist minus 15 Grad.*
Le climat a changé.	*Das Klima hat sich verändert.*
la catastrophe naturelle	*die Naturkatastrophe*
une inondation	*eine Überschwemmung*
un violent tremblement de terre	*ein schweres Erdbeben*
Le tremblement de terre a fait plus de 3.000 morts.	*Bei dem Erdbeben hat es über 3.000 Tote gegeben.*

Grammatik kompakt

Die indirekte Rede [↗ FGS, S. 43-46]

(1) Die indirekte Rede/Frage in der Gegenwart

Bei der **indirekten Rede/Frage in der Gegenwart** steht im Hauptsatz ein Präsens. Im Nebensatz (indirekte Rede/Frage) stehen **dieselben Zeiten wie** in der **direkten Rede**.

direkte Rede/Frage	indirekte Rede/Frage
Mme Petit: »Je **pars** demain.«	Elle dit **qu'**elle **part** demain.
»Ich fahre morgen.«	Sie sagt, sie würde morgen fahren.
»Elle **est** déjà **partie**?«	Je ne sais pas **si** elle **est** déjà **partie**.
»Ist sie schon weggefahren?«	Ich weiß nicht, ob sie schon weggefahren ist.
»**Quand** est-ce qu'elle **rentrera**?«	Je ne sais pas **quand** elle **rentrera**.
»Wann kommt sie zurück?«	Ich weiß nicht, wann sie zurückkommt.
»**Quel âge** a-t-elle?«	Je ne sais pas **quel âge** elle **a**.
»Wie alt ist sie?«	Ich weiß nicht, wie alt sie ist.

▶   **F/D**   Im Unterschied zum Deutschen wird im Französischen die indirekte Rede immer mit *que* (= *dass*) eingeleitet.

▶   Bei Fragen ohne Fragewort wird die indirekte Frage mit *si* (= *ob*) eingeleitet.

▶   Bei Fragen mit Fragewort wird auch die indirekte Frage mit dem Fragewort eingeleitet. In der indirekten Frage ist die **Wortstellung** immer: **Fragewort – Subjekt – Verb**. In der indirekten Frage gibt es also kein *est-ce que* und keine Inversion.

direkte Frage	indirekte Frage
»**Qu'est-ce que** il fera? «	Je me demande **ce qu'**il fera.
»Was wird er tun?«	Ich frage mich, **was** er tun wird.
»**Qu'est-ce qui** s'est passé?«	Je ne sais pas **ce qui** s'est passé.
»Was ist passiert?«	Ich weiß nicht, **was** passiert ist.

▶

direkte Frage		indirekte Frage	
Qu'est-ce que ..? „*was?*" (Objekt)	→	**ce que**	(Objekt)
Qu'est-ce qui ..? „*was?*" (Subjekt)	→	**ce qui**	(Subjekt)

(2) Die indirekte Rede/Frage in der Vergangenheit

Bei der **indirekten Rede/Frage in der Vergangenheit** steht im Hauptsatz eine Zeit der Vergangenheit (passé composé, imparfait, plus-que-parfait). In diesem Fall gibt es im **Nebensatz** (indirekte Rede/Frage) eine **Zeitverschiebung.**

direkte Rede/Frage	*indirekte Rede/Frage*
M. Petit: »Je **suis** malade. «	Il m'a dit qu'il **était** malade.
»Ich bin krank.«	*Er hat mir gesagt, er sei krank.*
»Tu **as** bien **dormi**?«	Il voulait savoir si j'**avais** bien **dormi**.
»Hast du gut geschlafen?«	*Er wollte wissen, ob ich gut geschlafen hätte.*
»J'**irai** à Lyon.«	Il m'avait écrit qu'il **irait** à Lyon.
»Ich werde nach Lyon fahren.«	*Er hatte mir geschrieben, dass er nach Lyon fahren würde.*

▶ Bei der **indirekten Rede/Frage in der Vergangenheit** ergeben sich folgende **Zeitverschiebungen:**

direkte Rede/Frage		*indirekte Rede/Frage*
présent	→	imparfait
passé composé	→	plus-que-parfait
futur simple	→	conditionnel

Das Datum [↗ FGS, S. 87]

Je partirai **le** 2 mai.	*Ich fahre **am** 2. Mai.*
Je serai à Paris **du** 7 **au** 12 juin.	*Ich bin **vom** 7. – 12. Juni in Paris.*

▶ Beim **französischen Datum** steht die **Grundzahl:**
le deux mai / le trois avril ...
Nur der Erste des Monats wird mit der Ordnungszahl wiedergegeben:
le 1er mai (le premier mai) / le 1er juin ...
Es steht immer *le* ohne Präposition *(„am")* bzw. *du ... au* *(„vom ... bis zum ...")*.

Unregelmäßige Verben

	falloir *(müssen)*
présent:	il **faut**
passé composé:	il a **fallu**
imparfait:	il **fallait**
futur simple:	il **faudra**
conditionnel:	il **faudrait**

	pleuvoir *(regnen)*
présent:	il **pleut**
passé composé:	il a **plu**
imparfait:	il **pleuvait**
futur simple:	il **pleuvra**
conditionnel:	il **pleuvrait**

Übung 31

Übersetzen Sie die Sätze.

1. *Ich weiß nicht, wann der Zug ankommt.*

2. *Das stimmt nicht, was sie gesagt hat.*

3. *Ich fahre am 20. Juli (juillet) in Urlaub.*

4. *Ich fahre mit dem Bus in die Stadt. Das geht schneller.*

5. *Ich weiß noch nicht, ob ich nach Paris fliegen werde.*

6. *Könnten Sie mich am Flughafen abholen?*

Übung 32

Übersetzen Sie die Sätze.

1. *Haben Sie schon den Wetterbericht gehört?*

2. *Morgen soll es (On a dit que ...) über 30 Grad warm werden.*

3. *Letztes Jahr, in Spanien, hatten wir tolles Wetter.*

4. *Der Wetterbericht hat für morgen Sturm gemeldet (annoncer).*

5. *Es hat geschneit. Es ist zu kalt für diese Jahreszeit (la saison).*

6. *Ich habe gelesen, dass es in Zukunft (à l'avenir) immer mehr Naturkatastrophen geben wird.*

17 Subjonctif: Bildung und Gebrauch

Gesellschaftliche Probleme

Il faut que le gouvernement fasse plus contre le chômage.
Die Regierung muss mehr gegen die Arbeitslosigkeit tun.

Je ne crois pas que le problème du chômage soit facile à résoudre.
Ich glaube nicht, dass das Problem der Arbeitslosigkeit leicht zu lösen ist.

J'ai peur que ma pension de retraite soit insuffisante.
Ich habe Angst, dass meine Rente nicht ausreicht.

Il est absolument nécessaire que les hommes politiques réforment le système des retraites.
Es ist absolut nötig, dass die Politiker das Rentensystem reformieren.

Je ne pense pas que les mesures du gouvernement aient des résultats rapides.
Ich denke nicht, dass die Maßnahmen der Regierung schnelle Ergebnisse zeigen werden.

Mon père est devenu dépendant. Je ne voulais pas qu'il aille vivre dans une maison médicalisée, mais il n'y avait pas d'autre solution.
Mein Vater ist ein Pflegefall geworden. Ich wollte nicht, dass er in ein Pflegeheim geht, aber es gab keine andere Lösung.

C'est dommage qu'il ne puisse plus vivre chez lui.
Es ist schade, dass er nicht mehr zu Hause leben kann.

Terrorismus und Gewalt

Il est bien possible que le terrorisme augmente encore.
Es kann gut sein, dass der Terrorismus noch weiter zunimmt.

Les terroristes islamistes veulent tuer un maximum de personnes.
Die islamistischen Terroristen wollen möglichst viele Menschen töten.

Qu'est-ce que vous voulez qu'on fasse contre la violence?
Was soll man gegen die Gewalt tun?

Il faut agir avant que ce soit trop tard.
Man muss handeln, bevor es zu spät ist.

On ne se sent plus en sécurité.
Man fühlt sich nicht mehr sicher.

Moi, j'ose à peine sortir dans la rue, la nuit.
Ich traue mich nachts kaum noch auf die Straße.

Wörter und Ausdrücke

Gesellschaftliche Probleme [↗ WGF, S. 134-137]

recevoir une pension de retraite	*eine Rente bekommen*
La pension de retraite est insuffisante.	*Die Rente ist nicht ausreichend.*
épargner pour ses vieux jours	*für sein Alter sparen*
réformer le système des retraites	*das Rentensystem reformieren*
le nombre des personnes pauvres	*die Zahl der Armen*
recevoir une aide sociale	*Sozialhilfe bekommen*
prendre des mesures *(f.)* plus efficaces contre le chômage	*wirksamere Maßnahmen gegen die Arbeitslosigkeit ergreifen*
Il faut mieux intégrer les étrangers.	*Man muss die Ausländer besser integrieren.*
l'intégration *(f.)* des étrangers	*die Integration der Ausländer*
Il/Elle est dépendant/e.	*Er/Sie ist ein Pflegefall.*
vivre dans une maison médicalisée	*in einem Pflegeheim leben*
Les soins *(m.)* coûtent très cher.	*Die Pflege ist sehr teuer.*
le service de soins à domicile	*der ambulante Pflegedienst*

Terrorismus und Gewalt [↗ WGF, S. 132-134]

lutter contre le terrorisme	*den Terrorismus bekämpfen*
la lutte contre le terrorisme	*der Kampf gegen den Terrorismus*
Les différents pays *(m.)* doivent coopérer davantage.	*Die einzelnen Länder müssen noch mehr zusammenarbeiten.*
les terroristes *(m.)* islamistes	*die islamistischen Terroristen*
un attentat terroriste	*ein Terroranschlag*
tuer un maximum de personnes	*möglichst viele Menschen töten*
créer un maximun [maksimɔm] de terreur *(f.)* et de peur *(f.)*	*möglichst viel Terror und Angst verbreiten*
La violence s'est aggravée.	*Die Gewalt hat sich verschlimmert.*
Les délinquants *(m.)* sont de plus en plus jeunes.	*Die Täter werden immer jünger.*
commettre des délits *(m.)*	*Straftaten begehen*
attaquer une vieille femme	*eine alte Frau überfallen*
Les jeunes sont frustrés.	*Die Jugendlichen sind frustriert.*
commettre un crime	*ein Verbrechen begehen*
punir le criminel sévèrement	*den Verbrecher hart bestrafen*
commettre un meurtre	*einen Mord begehen*
arrêter l'assassin *(m.)*	*den Mörder verhaften*
mettre qn en prison *(f.)*	*jdn ins Gefängnis stecken*
condamner qn à 10 ans de prison	*jdn zu 10 Jahren Gefängnis verurteilen*

Grammatik kompakt

Der subjonctif [↗ FGS, S. 92-95]

Die Bildung des subjonctif

partir *(weggehen)*
Ausgangsform: 3. Pers. Pl. Präs.: ils **part**ent:

que je part**e**	que nous part**ions**
que tu part**es**	que vous part**iez**
qu'il/elle part**e**	qu'ils/elles part**ent**

▶ Man geht von der **3. Person Plural Indikativ Präsens** aus.
Man lässt die Endung *-ent* weg und hängt an den Verbstamm
folgende subjonctif-Endungen an: ***-e, -es, -e, -ions, -iez, -ent.***

Verben mit zwei Pluralstämmen

venir *(kommen)*
Ausgangsform: 3. Pers. Pl. Präs.: ils: **vienn**ent:

que je vienn**e**
que tu vienn**es**
qu'il/elle vienn**e**
qu'ils/elles vienn**ent**

Ausgangsform: 1. Pers. Pl. Präs.: nous **ven**ons:

que nous ven**ions**
que vous ven**iez**

▶ Verben, die in der 1. und 2. Person Plural Indikativ Präsens einen
anderen Verbstamm als in der 3. Person Plural haben, weisen auch
im subjonctif diese Änderung für die 1. und 2. Person Plural auf.

Sonderformen

avoir	**être**
que j'**aie** [ɛ]	que je **sois**
que tu **aies**	que tu **sois**
qu'il/elle **ait**	qu'il/elle **soit**
que nous **ayons** [ɛjõ]	que nous **soyons**
que vous **ayez**	que vous **soyez**
qu'ils/elles **aient**	qu'ils/elles **soient**

faire	**pouvoir**
que je **fasses**	que je **puisse**
que nous **fassions**	que nous **puissions**

savoir	aller
que je **sache**	que j'**aille** [aj]
que nous **sachions**	que nous **allions**

vouloir
que je **veuille** [vœj]
que nous **voulions**

Der Gebrauch des subjonctif

Der subjonctif kommt fast nur in Nebensätzen mit *que* vor.

(1) Der subjonctif nach Verben der Willensäußerung

vouloir que *(wollen)*	il voulait que ...
souhaiter que *(wünschen)*	je ne souhaite pas que ...
aimer que *(mögen)*	j'aimerais bien que ...

(2) Der subjonctif nach Verben und Ausdrücken der Gefühlsäußerung

avoir peur que *(Angst haben)*	j'ai peur que ...
être content/e que *(froh sein)*	je suis content que ...
être heureux/-euse que *(sich freuen)*	je suis heureux que ...
regretter que *(bedauern)*	je regrette que ...

(3) Der subjonctif nach verneinten Verben des Denkens und Meinens

Je ne crois pas qu'il **soit** déjà parti.	*Ich glaube nicht, dass er schon weggefahren ist.*
Je ne pense pas qu'elle **ait** fait ça.	*Ich denke nicht, dass sie das gemacht hat.*

▶ Beachten Sie:
Nach **bejahten** Verben des Denkens und Meinens steht der **Indikativ**.

Je crois qu'il est déjà parti.	*Ich glaube, er ist schon weggefahren.*
Je pense qu'elle a déjà fait ça.	*Ich denke, sie hat das schon getan.*

(4) Der subjonctif nach bestimmten unpersönlichen Ausdrücken
(Willensäußerung, Gefühlsäußerung und persönliche Stellungnahme)

il faut que je ...	*ich muss ...*
il est possible que ...	*es kann sein, dass ...*
c'est dommage que ...	*es ist schade, dass ...*
il est nécessaire que ...	*es ist notwendig, dass ...*
c'est bien que ...	*es ist gut, dass ... / schön, dass ...*
il vaut mieux que ...	*es ist besser, wenn ...*

▶ Beachten Sie:
Nach unpersönlichen Ausdrücken, die eine gewisse Sicherheit
zum Ausdruck bringen, steht der Indikativ.

il est évident que ...   *es ist ganz klar, dass ...*
c'est vrai que ...   *es stimmt, dass ...*

(5) Der subjonctif nach bestimmten Konjunktionen

pour que (*damit*)   avant que (*bevor*)
quoique (*obwohl*)   sans que (*ohne dass*)

Übung 33

Übersetzen Sie die Sätze.

1. *Ich glaube nicht, dass das stimmt.*

2. *Es ist möglich, dass meine Tochter noch kommt.*

3. *Ich bin froh, dass sie eine neue Arbeitsstelle gefunden hat.*

4. *Ich glaube nicht, dass die Politik die Arbeitslosigkeit
   verringern* (diminuer) *kann.*

5. *Es ist ganz klar, dass es immer mehr Pflegefälle
   (personnes dépendantes) geben wird.*

Übung 34

Übersetzen Sie die Sätze.

1. *Es ist schade, dass Sie nicht kommen können.*

2. *Ich möchte nicht, dass meine Tochter ins Ausland arbeiten geht.*

3. *Schön, dass Sie gekommen sind.*

4. *Ich frage mich, warum die Jugendlichen straffällig werden*
   (commettre des délits).

5. *Es ist gut, dass die Polizei* (la police) *den Mörder verhaftet hat.*

6. *Es ist nötig, dass alle Länder den Terrorismus bekämpfen.*

18 Possessivpronomen, *lequel* (I), Imperativ

Sprachkontakte I: Bitten, Helfen

Cette porte ne s'ouvre pas. Vous pouvez m'aider?
Diese Tür geht nicht auf. Können Sie mir helfen?

Pouvez-vous m'expliquer comment ça marche?
Können Sie mir erklären, wie das funktioniert?

Vous auriez une minute? – Oui, bien sûr. De quoi s'agit-il?
Hätten Sie einen Moment Zeit? – Ja, natürlich. Worum geht's?

Je vous serais très reconnaissant/e de me donner votre adresse.
Ich wäre Ihnen sehr dankbar, wenn Sie mir Ihre Adresse geben könnten.

Je peux vous aider? – Non, merci, ce n'est pas la peine.
Kann ich Ihnen helfen? – Nein, danke, das ist nicht nötig.

Vous voulez avoir un stylo à bille? Je peux vous donner le mien.
Wollen Sie einen Kugelschreiber? Ich kann Ihnen meinen geben.

Voici deux stylos à bille. Lequel préférez-vous?
Hier sind zwei Stifte. Welchen wollen Sie lieber?

Sprachkontakte II: Vorschlagen, Raten

On pourrait aller au cinéma ce soir. Qu'en pensez-vous?
Wir könnten heute Abend ins Kino gehen. Was halten Sie davon?

Moi, j'aimerais mieux aller regarder l'exposition Picasso.
Ich würde lieber in die Picassoausstellung gehen.

Vous êtes d'accord pour nous voir demain après-midi?
Sind Sie einverstanden, wenn wir uns morgen Nachmittag treffen?

Je ne sais pas quoi faire. Pouvez-vous me donner un conseil?
Ich weiß nicht, was ich machen soll. Können Sie mir einen Rat geben?

Moi, à votre place, je n'irais pas. Ça ne vaut pas la peine.
Ich an Ihrer Stelle würde nicht dahin gehen. Das lohnt sich nicht.

Si je peux vous donner un conseil: Ne sortez pas. Appelez votre collègue. Dites-lui que vous êtes malade.
Wenn ich Ihnen einen Rat geben darf: Gehen Sie nicht aus. Rufen Sie Ihre/n Kollegin/Kollegen an. Sagen Sie ihr/ihm, Sie seien krank.

Je l'informerais en tout cas.
Ich würde ihn/sie auf jeden Fall informieren.

Wörter und Ausdrücke

Bitten, Helfen [↗ RFS, S. 26-30]

Pouvez-vous m'aider, s'il vous plaît?	*Können Sie mir bitte helfen?*
Pourriez-vous me rendre un service? Ce serait très gentil.	*Könnten Sie mir einen Gefallen tun? Das wäre sehr nett.*
Est-ce que ça vous dérange que j'ouvre la fenêtre?	*Stört es Sie, wenn ich das Fenster öffne?*
Vous permettez?	*Könnte ich mal bitte vorbei? / Sie gestatten?*
Vous pouvez m'expliquer comment ça marche?	*Können Sie mir erklären wie das funktioniert?*
Je peux vous aider? – Non, merci, ce n'est pas la peine.	*Kann ich Ihnen helfen? – Nein, danke, das ist nicht nötig.*
Attendez, je vais vous aider.	*Warten Sie. Ich helfe Ihnen.*
Laissez-moi faire.	*Lassen Sie mich das machen.*
Je vais vous expliquer comment il faut faire.	*Ich will Ihnen erklären, wie das geht.*
Je peux vous emmener, si vous voulez. – Oui, je veux bien, si ça ne vous dérange pas.	*Ich kann Sie mitnehmen, wenn Sie wollen. – Ja, gerne, wenn es Ihnen keine Umstände macht.*

Vorschlagen, Raten [↗ RFS, S. 30-33]

On pourrait aller au cinéma ce soir. Qu'en pensez-vous?	*Wir könnten heute Abend ins Kino gehen. Was meinen Sie?*
– Ce n'est pas mal comme idée.	*– Das ist keine schlechte Idee.*
– Oui, si vous voulez.	*– Ja, wenn Sie wollen.*
Vous êtes d'accord pour aller dîner ce soir?	*Sind Sie einverstanden wenn wir heute Abend essen gehen?*
Je ne sais pas quoi faire. Vous pouvez me donner un conseil?	*Ich weiß nicht, was ich machen soll. Können Sie mir einen Rat geben?*
Moi, à votre place, je lui parlerais encore une fois.	*Ich an Ihrer Stelle würde noch mal mit ihm/ihr sprechen.*
– Ça ne sert à rien.	*– Das hat keinen Zweck. / Das nützt nichts.*
Vous devriez peut-être attendre encore quelques jours.	*Sie sollten vielleicht noch ein paar Tage warten.*
Moi, à votre place, j'irais. Ça vaut la peine.	*Ich an Ihrer Stelle würde dahin gehen. Das lohnt sich.*
Ce n'est pas la peine d'y aller.	*Es lohnt sich nicht, dahin zu gehen.*
Ça ne sert à rien de l'attendre encore plus longtemps.	*Das hat keinen Zweck, dass wir noch länger auf ihn/sie warten.*

Grammatik kompakt

Das Possessivpronomen [↗ FGS, S. 99]

In Kap. 3 wurden bereits die Possessivbegleiter *mon/ton/son* ...
(*„mein/dein/sein/ihr* ...*“*) behandelt. Die Possessivbegleiter stehen
immer mit einem Substantiv *(mon père / ma mère)*.

Von den Possessivbegleitern *mon/ton/son* ... zu unterscheiden ist
das Possessivpronomen *le mien / la mienne* ...

Ce parapluie-là *(m.)*, c'est **le vôtre** (= votre parapluie)?	*Dieser Schirm da, ist das Ihrer?*
– Non, ce n'est pas **le mien** (= mon parapluie).	*– Nein, das ist nicht meiner.*

▶
Singular		Plural	
Mask.	Fem.	Mask.	Fem.
le mien, la mienne *(meiner ...)*		**les miens, les miennes**	
le tien, la tienne *(deiner ...)*		**les tiens, les tiennes**	
le sien, la sienne *(seiner ...)*		**les siens, les siennes**	
le/la nôtre		**les nôtres**	
le/la vôtre		**les vôtres**	
le/la leur		**les leurs**	

▶ Das Possessivpronomen *le mien/le tien/le sien* ... steht statt
mon/ton/son ... + Nomen. Es richtet sich in Genus und Numerus
nach dem Substantiv, das es vertritt.

le parapluie: **mon** parapluie	→	**le mien**
la photo: **mes** photos	→	**les miennes**
la valise: **vos** valises	→	**les vôtres**

lequel (I): Interrogativpronomen [↗ FGS, S. 100]

In Kap. 7 wurden bereits die Interrogativbegleiter *quel/quelle* behandelt.
Im Unterschied zu den Interrogativbegleitern *quel/quelle*, die immer
mit einem Substantiv vorkommen, stehen die Interrogativpronomen
lequel/laquelle immer allein, d.h. ohne Substantiv.

Je voudrais un pain.	*Ich hätte gern ein Brot.*
– **Lequel**?	*– Welches? /Was für eins?*
Voici deux cartes postales.	*Hier sind 2 Ansichtskarten.*
Laquelle préférez-vous?	*Welche wollen Sie lieber?*

▶ Das Interrogativpronomen **lequel** ersetzt
«**quel** + Substantiv der Sache». Dies ist dann der Fall, wenn das
Substantiv der Sache schon bekannt ist.
lequel richtet sich wie **quel** nach dem dazugehörigen Substantiv.

Singular

Quel livre?	→	**Lequel?** *(m.)*
Quelle photo?	→	**Laquelle?** *(f.)*

Plural

Quels livres?	→	**Lesquels?** *(m.)*
Quelles photos?	→	**Lesquelles?** *(f.)*

Der Imperativ [↗ FGS, S. 97]

(1) Attend**s**, j'arrive tout de suite. Dépêche-toi.	*Warte, ich komme sofort.* *Beeil dich!*
(2) Ven**ez**, je vais vous montrer quelque chose. **Ne** pren**ez pas** le taxi.	*Kommen Sie mal! Ich will Ihnen etwas zeigen.* *Nehmen Sie das Taxi nicht.*
(3) Pren**ons** le bus!	*Lasst uns mit dem Bus fahren!*

▶ Die Formen des Imperativs werden abgeleitet von der:
1. Person Singular *(j'attends / je téléphone)* (1)
2. Person Plural *(vous donnez / vous venez)* (2)
1. Person Plural *(nous restons / nous prenons)* (3)

▶ Beim verneinten Imperativ wird die Verbform von *ne … pas*
umschlossen (**ne** prenez **pas**).

▶ Beim bejahten Imperativ stehen die Reflexivpronomen nach der
Verbform und werden mit einem Bindestrich angeschlossen
*(dépêche-**toi**)*.

Sonderformen

N'**aie** pas peur. (1)	*Hab keine Angst!*
Soyez gentil/le avec lui. (2)	*Seien Sie nett zu ihm!*
Sachez qu'il entend très mal. (3)	*Sie müssen wissen, dass er sehr schlecht hört.*

avoir: **aie, ayez, ayons** (1)
être: **sois, soyez, soyons** (2)
savoir: **sache, sachez, sachons** (3)

18 Possessivpronomen – *lequel* (I) – Imperativ

Übung 35

Übersetzen Sie die Sätze.

1. *Dieses Fenster geht nicht auf. Könnten Sie mir mal helfen?*

2. *Stört es Sie, wenn ich rauche?*

3. *Können Sie mir erklären, wie das geht mit dem Telefonieren?*

4. *Könnten Sie mir Ihre Handynummer geben? Das wäre sehr nett.*

5. *Ich kann Sie in die Stadt mitnehmen, wenn Sie wollen.*

6. *Ich wäre Ihnen sehr dankbar, wenn Sie mich so früh wie möglich* (le plus tôt possible) *informieren würden.*

Übung 36

Übersetzen Sie die Sätze.

1. *Was machen wir heute Abend? Was schlagen Sie vor* (proposer)*?*

2. *Ich könnte ihn zu mir einladen. Was meinen Sie?*

3. *Ich an Ihrer Stelle würde ihn sofort einladen.*

4. *Man sollte vielleicht noch etwas* (un peu de temps) *warten.*

5. *Ich würde sie nicht anrufen. Das hat keinen Zweck.*

6. *Es lohnt sich nicht, dass Sie in diesen Film gehen* (aller voir ce film)*.*

19 Konditional II, Gérondif, *lequel* (II)

Sprachkontakte III: Meinung, Stellungnahme

Je me demande pourquoi il écoute de la musique en travaillant.
Ich frage mich, warum er beim Arbeiten Musik hört.

Il est bien possible qu'elle soit déjà en vacances.
Es kann gut sein, dass sie schon in Urlaub ist.

Il/Elle travaille jour et nuit. Ça, je n'aurais jamais cru de lui / d'elle.
Er/Sie arbeitet Tag und Nacht. Das hätte ich nie von ihm/ihr gedacht.

Je trouve que ce n'est pas mal comme idée.
Ich halte das für keine schlechte Idee.

Ça m'intéresserait de savoir qui a dit ça.
Es würde mich interessieren, wer das gesagt hat.

Je me fais des reproches. J'aurais dû l'appeler tout de suite.
Ich mache mir Vorwürfe. Ich hätte ihn/sie sofort anrufen sollen.

Je ne trouve pas bien qu'il/elle ne soit pas venu/e.
Ich finde das nicht in Ordnung, dass er/sie nicht gekommen ist.

Sprachkontakte IV: Freude, Bedauern, Sorge

Je serais très heureux/heureuse que vous veniez me voir.
Ich würde mich sehr freuen, wenn Sie mich einmal besuchen würden.

Merci beaucoup pour votre cadeau par lequel vous m'avez fait très plaisir.
Vielen Dank für Ihr Geschenk, mit dem Sie mir eine große Freude gemacht haben.

Je suis désolé/e que vous ayez dû attendre aussi longtemps.
Es tut mir Leid, dass Sie so lange warten mussten.

C'est dommage que vous ne puissiez pas venir.
Schade, dass Sie nicht kommen können.

Il/Elle s'inquiète [sẽkjɛt] **pour son avenir.**
Er/Sie macht sich Sorgen um seine/ihre Zukunft.

Ne vous inquiétez pas. Ça s'arrangera.
Machen Sie sich da keine Sorgen. Das wird sich schon geben.

J'espère que ça ira bien. – Mais bien sûr! Pourquoi pas?
Hoffentlich geht das gut. – Ja klar! Warum nicht?

Wörter und Ausdrücke

Meinung, Stellungnahme [↗ RFS, S. 44-51]

Je trouve impossible comment il s'est comporté.	*Ich finde das unmöglich, wie er sich verhalten hat.*
Ça, je ne comprends pas non plus.	*Das kann ich auch nicht verstehen.*
Je ne trouve pas bien qu'elle ne me dise *(subj.)* rien.	*Ich finde das nicht in Ordnung, dass sie mir nichts sagt.*
Ça ne peut pas continuer comme ça.	*So kann das nicht weitergehen.*
Qu'il fasse *(subj.)* une chose pareille, ça je n'aurais pas cru.	*Dass er so etwas macht, das hätte ich nicht gedacht.*
Ça, je n'aurais pas dû faire.	*Das hätte ich nicht machen sollen.*
C'est ma faute à moi.	*Das ist mein Fehler.*
Ça, je ne crois pas.	*Das kann ich nicht glauben.*
C'est ce que je pensais aussi.	*Das habe ich auch gemeint.*
C'est bien possible.	*Das kann gut sein.*
Il est bien possible qu'il vienne *(subj.)* encore.	*Es kann gut sein, dass er noch kommt.*
C'est impossible.	*Das kann nicht sein.*
Ça, je ne savais pas.	*Das wusste ich nicht.*
Ça, je ne me rappelle plus.	*Daran kann ich mich nicht mehr erinnern.*

Freude, Bedauern, Sorge [↗ RFS, S. 38-44]

Je serais très heureux/heureuse qu'on se voie *(subj.)* un jour.	*Ich würde mich sehr freuen, wenn wir uns einmal treffen würden.*
Merci beaucoup pour votre cadeau. Ça m'a fait très plaisir.	*Vielen Dank für Ihr Geschenk. Ich habe mich sehr darüber gefreut.*
C'est bien que vous soyez *(subj.)* venu/e.	*Schön, dass Sie gekommen sind.*
Je suis désolé/e.	*Das tut mir Leid.*
C'est dommage que vous ne puissiez *(subj.)* pas venir.	*Schade, dass Sie nicht kommen können.*
Il n'y a rien à faire.	*Da kann man nichts machen.*
Je m'inquiète pour mon père.	*Ich mache mir Sorgen um meinen Vater.*
Où êtes-vous? Je me suis déjà fait du souci.	*Wo sind Sie? Ich habe mir schon Sorgen gemacht.*
Ne vous inquiétez pas.	*Machen Sie sich da keine Sorgen.*
Tout est en ordre.	*Es ist alles in Ordnung.*
Ce n'est pas si grave que ça.	*Das ist nicht so schlimm.*
Ça s'arrangera.	*Das wird schon wieder werden.*
J'en suis sûr/e.	*Da bin ich mir sicher.*

Grammatik kompakt

Das Konditional II (conditionnel passé) [↗ FGS, S. 91]

Neben dem häufig gebrauchten Konditional I (conditionnel présent),
das bereits in Kap. 10 behandelt wurde, gibt es auch das Konditional II
(conditionnel passé), das beim Sprechen seltener vorkommt.

j'aurais trouvé	je **serais allé(e)**
tu **aurais fini**	tu **serais venu(e)**
il/elle **aurait fait**	il/elle **serait parti(e)**
nous **aurion lu**	nous **serions arrivé(e)s**
vous **auriez eu**	vous **seriez revenu(e,s,es)**
ils/elles **auraient été**	ils/elles **seraient rentré(e)s**

▶ Das **Konditional II** (conditionnel passsé) wird gebildet aus dem
Konditional I (conditionnel présent) von *avoir* bzw. *être*
und dem participe passé des Verbs.

▶ Für die Wahl von *avoir* bzw. *être* und für die Veränderlichkeit des
participe passé gelten die gleichen Regeln wie beim passé composé,
d.h. die Verben der Bewegungsrichtung sowie die reflexiven Verben
bilden das Konditional II mit *être*.
Reflexive Verben: **se reposer: je me serais reposé(e)**, usw.

Moi, à votre place, j'**aurais** **accepté** cette offre.	*Ich an Ihrer Stelle hätte dieses Angebot angenommen.*

▶ Das Konditional II bezeichnet die Unmöglichkeit der Realisierung
einer Handlung.

Das gérondif [↗ FGS, S. 104]

Die Verbform des gérondif gibt es im Deutschen nicht.
Das französische gérondif wird sowohl in der Schriftsprache als auch in der
gesprochenen Sprache verwendet.

On ne parle pas **en mangeant.** (1)	*Man spricht nicht beim Essen / während man isst.*
J'ai perdu trois kilos **en buvant** moins d'alcool. (2)	*Ich habe 3 kg abgenommen, indem ich weniger Alkohol getrunken habe.*
En prenant le bus 15, vous arriverez directement au théâtre. (3)	*Wenn Sie die Linie 15 nehmen, kommen Sie direkt zum Theater.*

19 Konditional II – Gérondif – *lequel* (II)

▶ Das gérondif wird wie folgt gebildet:
an den Stamm der 1. Person Plural Präsens wird die Endung **-ant** angehängt und die Präposition **en** vorangestellt:

manger: nous **mange**ons	→	**en mangeant**
boire: nous **buv**ons	→	**en buvant**
prendre: nous **pren**ons	→	**en prenant**

▶ Das gérondif drückt aus:
(1) die **Gleichzeitigkeit** von **zwei** Vorgängen (dt.: *beim, während*),
(2) die **Art und Weise**, wie etwas geschieht (dt.: *indem, dadurch dass, durch ...*)
(3) eine **Bedingung** (dt.: *wenn*) *(en prenant le bus 15 = si vous prenez le bus 15)*

lequel (II): Relativpronomen [↗ FGS, S. 101]

Behandelt wurden bisher die Relativpronomen *qui, que, où, dont* (siehe Kap. 15).

L'Italie est un pays **dans lequel** *(m.)* j'aimerais bien vivre.	Italien ist ein Land, in dem ich gerne leben würde.
C'est la photo **à laquelle** *(f.)* j'ai pensé.	Das ist das Foto, an das ich gedacht habe.
Ce sont les problèmes **auxquels** *(m.)* j'ai pensé.	Das sind die Probleme, an die ich gedacht habe.

▶ Das Relativpronomen *lequel* steht immer mit einer Präposition und bezieht sich auf eine Sache.

▶ Das aus dem Artikel *le/la/les* und *quel* gebildete Relativpronomen *lequel* hat folgende Formen:

	Singular	Plural
(Mask.)	dans **lequel**	dans **lesquels**
(Fem.)	avec **laquelle**	avec **lesquelles**

In Verbindung mit der Präposition **à** ergeben sich folgende Formen:

	Singular	Plural
(Mask.)	**auquel**	**auxquels**
(Fem.)	à laquelle	**auxquelles**

Übung 37

Übersetzen Sie die Sätze.

1. *Ich finde das unmöglich, dass er nicht arbeiten will.*
2. *Das kann ich nicht verstehen.*
3. *Ich finde das nicht in Ordnung, dass sie nichts tut.*
4. *Es kann gut sein, dass sie arbeitslos ist.*
5. *Sie könnte mehr tun, um eine neue Arbeitsstelle zu finden.*
6. *Ich glaube nicht, dass sich die Situation ändert* (changer).

Übung 38

Übersetzen Sie die Sätze.

1. *Schön, dass Sie da sind.*
2. *Ich würde mich freuen, wenn Sie kommen könnten.*
3. *Schade, dass Sie nicht kommen konnten.*
4. *Es tut mir Leid, dass Sie umsonst* (en vain) *gekommen sind.*
5. *Ich mache mir Sorgen um meinen Sohn.*
6. *Hoffentlich findet er bald eine neue Arbeitsstelle.*
7. *Das wird schon werden. Da bin ich mir sicher.*

20 Demonstrativpronomen, Passiv, Futur II

Sprachkontakte V: Argumentation

C'est la même chose. / Ce n'est pas pareil [paʀɛj].
Das ist dasselbe. / Das ist nicht dasselbe.

Ça n'a rien à voir avec sa maladie.
Das hat nichts mit seiner/ihrer Krankheit zu tun.

Si c'est comme ça, on ne peut rien faire.
Wenn das so ist, dann kann man nichts machen.

Ça ne sert à rien d'en discuter plus longtemps.
Das hat keinen Zweck, dass wir noch länger darüber reden.

**Vous avez deux téléphones portables? – Non, celui-ci est le mien,
celui-là est à ma sœur.**
*Haben Sie zwei Handys? – Nein, dies hier ist meines. Das da gehört
meiner Schwester.*

**Comment ça se fait que vous avez arrêté votre voyage?
– C'est parce que ma voiture a été volée.**
*Wie kommt es, dass Sie Ihre Reise abgebrochen haben?
– Mein Wagen ist gestohlen worden.*

Sprachkontakte VI: Telefonieren

Est-ce que je pourrais parler à M./Mme Petit, s'il vous plaît?
Könnte ich bitte Herrn/Frau Petit sprechen?

Pourriez-vous lui donner un message, s'il vous plaît?
Könnten Sie ihm/ihr bitte etwas ausrichten?

Pourriez-vous lui dire que M./Mme Schulte a appelé?
Könnten Sie ihm/ihr sagen, dass Herr/Frau Schulte angerufen hat?

Est-ce que je peux le/la joindre par son portable?
Kann ich ihn/sie über Handy erreichen?

Je rappellerai demain quand je serai rentré/e.
Ich rufe morgen noch mal an, wenn ich wieder zu Hause bin.

Je vous rappellerai quand j'aurai reçu votre fax.
Ich melde mich wieder, wenn ich Ihr Fax bekommen habe.

Oh, excusez-moi. Je me suis trompé/e de numéro.
Oh, Entschuldigung. Ich habe mich verwählt.

Wörter und Ausdrücke

Argumentation [↗ RFS, S. 51-55]

C'est la même chose.	*Das ist dasselbe.*
Chez nous, c'est pareil.	*Bei uns ist das genauso.*
Ce n'est pas pareil.	*Das ist nicht dasselbe.*
C'est autre chose.	*Das ist etwas anderes.*
Chez nous, c'est différent.	*Bei uns ist das anders.*
Ça ne veut rien dire.	*Das hat nichts zu bedeuten.*
Ça n'a rien à voir avec son travail.	*Das hat nichts mit seiner/ihrer Arbeit zu tun.*
Le problème est que je n'ai pas le temps.	*Das Problem ist, dass ich keine Zeit habe.*
Ça pourrait nous poser de gros problèmes.	*Das könnte große Probleme geben.*
Comment ça se fait qu'il/elle est toujours malade?	*Wie kommt es, dass er/sie immer krank ist?*
Ce n'est pas facile à expliquer.	*Das ist nicht leicht zu erklären.*
C'est assez compliqué.	*Das ist ziemlich kompliziert.*
C'est difficile à dire.	*Das ist schwer zu sagen.*
En principe, ça devrait être possible.	*Im Prinzip müsste das möglich sein.*
C'est pratiquement impossible.	*Das ist praktisch unmöglich.*

Telefonieren [↗ RFS, S. 86-107]

Allô? Bonjour. Ici Mme Klein.	*Guten Tag. Hier ist Frau Klein.*
Bonjour. C'est bien Mme Bobet?	*Guten Tag. Spreche ich mit Frau Bobet?*
Qui est à l'appareil, s'il vous plaît?	*Mit wem spreche ich?*
Je voudrais parler à M. Picard, s'il vous plaît.	*Ich möchte bitte Herrn Picard sprechen.*
Est-ce que je pourrais parler à M./Mme Petit, s'il vous plaît?	*Könnte ich bitte Hern/Frau Petit sprechen?*
Je vous appelle pour votre annonce.	*Ich rufe an wegen Ihrer Anzeige.*
A quelle heure est-ce que je peux le/la joindre le plus facilement?	*Wann kann ich ihn/sie am besten erreichen?*
Est-ce que je peux le/la joindre par son portable?	*Kann ich ihn/sie über Handy erreichen?*
Pourriez-vous me donner son numéro de portable?	*Könnten Sie mir seine/ihre Handynummer geben?*
Pourriez-vous lui donner un message, s'il vous plaît?	*Könnten Sie ihm/ihr bitte etwas ausrichten?*
Est-ce qu'il pourrait me rappeler?	*Könnte er mich zurückrufen?*
Je rappellerai plus tard.	*Ich rufe später noch mal an.*

20 Demonstrativpronomen – Passiv – Futur II

Grammatik kompakt

Das Demonstrativpronomen [↗ FGS, S. 90]

Von den Demonstrativbegleitern *ce/cet/cette/ces* (vgl. Kap. 10) zu unterscheiden sind die Demonstrativpronomen **celui/celle/ceux/celles**.

Je cherche un manteau *(m.)*. C'est combien, **celui-là**?
Ich suche einen Mantel. Wie teuer ist der da?

Je voudrais un peu de salade *(f.)*. Donnez-moi 200 grammes
de **celle-ci** et 300 grammes de **celle-là**.
Ich hätte gerne etwas Salat. Geben Sie mir 200 g von diesem da
und 300 g von dem dahinten.

▶

	Singular	Plural
(Mask.)	**celui-ce / celui-là**	**ceux-ci / ceux-là**
(Fem.)	**celle-ci / celle-là**	**celles-ci / celles-là**

▶ Die Demonstrativpronomen **celui/celle/ceux/celles**
ersetzen **ce/cet/cette/ces** + Nomen. Dabei weist **celui-ci** auf den
näheren Gegenstand, **celui-là** auf den entfernteren Gegenstand hin.

Das Passiv [↗ FGS, S. 103]

Das **Passiv** gehört vorwiegend der **Schriftsprache** an (z.B. Zeitungsartikel).

Aktiv:
Trois hommes ont attaqué
Marie Gaugant.

Drei Männer haben Marie
Gaugant überfallen.

Passiv:
Marie Gaugant **a été attaquée**
par trois hommes.

Marie Gaugant ist von drei
Männern überfallen worden.

Aktiv:
La police a arrêté ces hommes
peu après.

Die Polizei hat die Männer
kurz darauf festgenommen.

Passiv:
Ces hommes **ont été arrêtés**
par la police.

Die Männer wurden von der
Polizei festgenommen.

▶ Das Passiv wird mit *être* und dem **participe passé** des Verbs gebildet.
Das participe passé richtet sich nach dem Subjekt.

▶ Das direkte Objekt des Aktivsatzes wird zum Subjekt des Passivsatzes.
Der Urheber der Handlung (das Subjekt des Aktivsatzes) wird im
Passivsatz mit **par** angeschlossen.

Das Futur II (futur antérieur) [↗ FGS, S. 102]

In Kap. 11 wurde bereits das **Futur I** (futur simple) behandelt, das beim Sprechen ziemlich häufig gebraucht wird.

Hiervon zu unterscheiden ist da**s Futur II** (futur antérieur), das in der gesprochenen Sprache relativ selten vorkommt.

j'**aurai trouvé**	je **serai allé(e)**
tu **auras fini**	tu **seras venu(e)**
il/elle **aura fait**	il/elle **sera parti(e)**
nous **aurons lu**	nous **serons arrivé(e)s**
vous **aurez eu**	vous **serez revenu(e,s,es)**
ils/elles **auront été**	ils/elles **seront rentré(e)s**

▶ Das **Futur II** wird gebildet aus dem **Futur I** von *avoir* bzw. *être* und dem participe passé des Verbs.

▶ Für die Wahl von *avoir* bzw. *être* und für die Veränderlichkeit des participe passé gelten die gleichen Regeln wie beim passé composé, d.h. die Verben der Bewegungsrichtung sowie die reflexiven Verben bilden das Futur II mit *être*.
Reflexive Verben: **se reposer: je me serai reposé(e)**, usw.

Quand j'**aurai passé** mon bac, j'irai en Amérique.	*Wenn ich mein Abi gemacht habe, gehe ich nach Amerika.*
Je vous appellerai dès que je **serai arrivé(e)** à Paris.	*Ich rufe Sie an, sobald ich in Paris angekommen bin.*
Je continuerai quand je **me serai** un peu **reposé(e)**.	*Ich mache weiter, wenn ich mich etwas ausgeruht habe.*

▶ Das **Futur II** bezeichnet einen zukünftigen abgeschlossenen Vorgang, der vor einem anderen zukünftigen Vorgang liegt.
Das **Futur II** steht meist im Nebensatz nach den Konjunktionen **quand** *(„wenn = dann, wenn")* und **dès que** *(„sobald")*.
Im Hauptsatz steht dann das Futur I.

▶ F/D Im Deutschen steht statt des Futur II meist das Perfekt und statt des Futur I das Präsens.

Übung 39

Übersetzen Sie die Sätze.

1. Das hat nichts mit meinem Beruf zu tun.

2. Das ist einfach zu erklären.

3. Das Problem ist, dass ich ihre Telefonnummer nicht mehr habe.

4. Wie kommt es, dass er immer mehr Geld ausgibt?

5. Das ist ein großes Problem. Es ist nicht einfach zu lösen.

6. Es ist sinnlos, dass wir noch länger auf ihn warten.

Übung 40

Übersetzen Sie die Sätze.

1. Guten Tag. Hier ist Herr König. Spreche ich mit Herrn Bobet?

2. Könnte ich bitte mit Ihrer Frau sprechen?

3. Ich rufe heute Abend noch mal an.

4. Sie kann mich auch zurückrufen.

5. Sie kann mich auch über Handy erreichen.

6. Ich kann Ihnen meine Handynummer geben.

7. Ihre Frau kann mich bis 22 Uhr erreichen.

Anhang

Übersicht über die wichtigsten unregelmäßigen Verben

Lösungen zu den Übungen

Grammatisches Register

Sachregister

Übersicht über die wichtigsten unregelmäßigen Verben

avoir *haben*
j' **ai**
tu **as**
il/elle **a**
nous **avons**
vous **avez**
ils/elles **ont**

passé composé: j'ai **eu**
imparfait: j'**avais**
futur simple: j'**aurai**
subjonctif: que j'**aie,** qu'il/elle ait,
que nous **ayons,**
qu'ils/elles **aient**

être *sein*
je **suis**
tu **es**
il/elle **est**
nous **sommes**
vous **êtes**
ils/elles **sont**

passé composé: j'ai **été**
imparfait: j'**étais**
futur simple: je **serai**
subjonctif: que je **sois,**
que nous **soyons,**
qu'ils/elles **soient**

aller *gehen, fahren*
je **vais**
tu **vas**
il/elle **va**
nous allons
vous allez
ils/elles **vont**

passé composé: je suis allé/e
imparfait: j'allais
futur simple: j'**irai**
subjonctif: que j'**aille,**
que nous allions,
qu'ils/elles **aillent**

boire *trinken*

présent	je **bois,** nous **buvons,** ils/elles **boivent**
passé composé	j'ai **bu**
imparfait	je buvais
futur simple	je boirai
subjonctif	que je boive, que nous buvions

conduire *fahren, führen*

présent	je **conduis,** nous **conduisons,** ils/elles conduisent
passé composé	j'ai **conduit**
imparfait	je conduisais
futur simple	je conduirai
subjonctif	que je conduise

connaître *kennen*

présent	je **connais,** il/elle connaît, nous **connaissons**
passé composé	j'ai **connu**
imparfait	je connaissais
futur simple	je connaîtrai
subjonctif	que je connaisse

croire *glauben*

présent	je **crois,** nous **croyons,** ils/elles **croient**
passé composé	j'ai **cru**
imparfait	je croyais
futur simple	je croirai
subjonctif	que je croie, que nous croyions

devoir *müssen, sollen*

présent	je **dois,** nous **devons,** ils/elles **doivent**
passé composé	j'ai **dû**
imparfait	je devais
futur simple	je devrai
subjonctif	que je doive, que nous devions

dire *sagen*

présent	je **dis**, nous **disons**, vous **dites**, ils/elles **disent**
passé composé	j'ai **dit**
imparfait	je disais
futur simple	je dirai
subjonctif	que je dise

dormir *schlafen*

présent	je **dors**, nous **dormons**, ils/elles dorment
passé composé	j'ai **dormi**
imparfait	je dormais
futur simple	je dormirai
subjonctif	que je dorme

écrire *schreiben*

présent	j'**écris**, nous **écrivons**, ils/elles écrivent
passé composé	j'ai **écrit**
imparfait	j'écrivais
futur simple	j'écrirai
subjonctif	que j'écrive

envoyer *schicken*

présent	j'**envoie**, nous **envoyons**, ils/elles **envoient**
passé composé	j'ai envoyé
imparfait	j'envoyais
futur simple	j'**enverrai**
subjonctif	que j'envoie, que nous envoyions

faire *machen*

présent	je **fais**, nous **faisons**, vous **faites**, ils/elles **font**
passé composé	j'ai **fait**
imparfait	je faisais
futur simple	je **ferai**
subjonctif	que je **fasse**

falloir *müssen*

présent	il **faut**
passé composé	il a **fallu**
imparfait	il **fallait**
futur simple	il **faudra**

lire *lesen*

présent	je **lis,** nous **lisons,** ils/elles lisent
passé composé	j'ai **lu**
imparfait	je lisais
futur simple	je lirai
subjonctif	que je lise

mettre *legen, stellen, setzen*

présent	je **mets,** il/elle met, nous **mettons,** ils **mettent**
passé composé	j'ai **mis**
imparfait	je mettais
futur simple	je mettrai
subjonctif	que je mette

offrir *anbieten, schenken*

présent	j'**offre,** nous offrons, ils/elles offrent
passé composé	j'ai **offert**
imparfait	j'offrais
futur simple	j'offrirai
subjonctif	que j'offre

ouvrir *öffnen*

présent	j'**ouvre,** nous ouvrons, ils/elles ouvrent
passé composé	j'ai **ouvert**
imparfait	j'ouvrais
futur simple	j'ouvrirai
subjonctif	que j'ouvre

paraître *scheinen*

présent	je **parais,** il paraît, nous **paraissons,** ils paraissent
passé composé	j'ai **paru**
imparfait	je paraissais
futur simple	je paraîtrai
subjonctif	que je paraisse

partir *weggehen, abfahren*

présent	je **pars,** nous **partons,** ils/elles partent
passé composé	je suis **parti/e**
imparfait	je partais
futur simple	je partirai
subjonctif	que je parte

plaire *gefallen*

présent	je **plais,** il plaît, nous **plaisons,** ils **plaisent**
passé composé	j'ai **plu**
imparfait	je plaisais
futur simple	je plairai
subjonctif	que je plaise

pleuvoir *regnen*

présent	il **pleut**
passé composé	il a **plu**
imparfait	il **pleuvait**
futur simple	il **pleuvra**
subjonctif	qu'il **pleuve**

pouvoir *können*

présent	je **peux,** il **peut,** nous **pouvons,** ils **peuvent**
passé composé	j'ai **pu**
imparfait	je pouvais
futur simple	je **pourrai**
subjonctif	que je **puisse**

prendre *nehmen*

présent	je **prends,** il prend, nous **prenons,** ils **prennent**
passé composé	j'ai **pris**
imparfait	je prenais
futur simple	je prendrai
subjonctif	que je prenne, que nous prenions

recevoir *erhalten, bekommen*

présent	je **reçois,** nous **recevons,** ils/elles **reçoivent**
passé composé	j'ai **reçu**
imparfait	je recevais
futur simple	je **recevrai**
subjonctif	que je reçoive, que nous recevions

réduire *verringern*

présent	je **réduis,** nous **réduisons,** ils/elles réduisent
passé composé	j'ai **réduit**
imparfait	je reduisais
futur simple	je réduirai
subjonctif	que je réduise

savoir *wissen*

présent	je **sais,** nous **savons,** ils/elles **savent**
passé composé	j'ai **su**
imparfait	je savais
futur simple	je **saurai**
subjonctif	que je **sache**

se sentir *sich fühlen*

présent	je me **sens,** nous nous **sentons,** ils se sentent
passé composé	je me suis **senti/e**
imparfait	je me sentais
futur simple	je me sentirai
subjonctif	que je me sente

sortir *hinausgehen*

présent	je **sors**, nous **sortons**, ils/elles sortent
passé composé	je suis **sorti/e**
imparfait	je sortais
futur simple	je sortirai
subjonctif	que je sorte

souffrir *leiden*

présent	je **souffre**, nous souffrons, ils/elles souffrent
passé composé	j'ai **souffert**
imparfait	je souffrais
futur simple	je souffrirai
subjonctif	que je souffre

suffire *ausreichen*

présent	il/elle **suffit**, ils/elles **suffisent**
passé composé	il/elle a **suffi**
imparfait	il/elle **suffisait**
futur simple	il/elle suffira
subjonctif	qu'il/elle suffise

suivre *folgen*

présent	je **suis**, nous **suivons**, ils/elles **suivent**
passé composé	j'ai **suivi**
imparfait	je suivais
futur simple	je suivrai
subjonctif	que je suive

tenir *halten*

présent	je **tiens**, nous **tenons**, ils/elles **tiennent**
passé composé	j'ai **tenu**
imparfait	je tenais
futur simple	je **tiendrai**
subjonctif	que je tienne, que nous tenions

venir *kommen*

présent	je **viens,** nous **venons,** ils/elles **viennent**
passé composé	je suis **venu/e**
imparfait	je venais
futur simple	je **viendrai**
subjonctif	que je vienne, que nous venions

vivre *leben*

présent	je **vis,** nous **vivons,** ils/elles **vivent**
passé composé	j'ai **vécu**
imparfait	je vivais
futur simple	je vivrai
subjonctif	que je vive

voir *sehen*

présent	je **vois,** nous **voyons,** ils/elles **voient**
passé composé	j'ai **vu**
imparfait	je voyais
futur simple	je **verrai**
subjonctif	que je voie, que nous voyions

vouloir *wollen*

présent	je **veux,** il **veut,** nous **voulons,** ils **veulent**
passé composé	j'ai **voulu**
imparfait	je voulais
futur simple	je **voudrai**
subjonctif	que je **veuille,** que nous voulions

Lösungen zu den Übungen

Übung 1

1. Comment allez-vous? – Ça va bien, merci.   2. Au revoir. Bonne chance!   3. Bon week-end. A bientôt.   4. Salut! A demain.   5. Ça va? – Ça va très bien. Merci.

Übung 2

1. C'est combien, le ticket de métro?   2. Pardon, Monsieur/Madame. Je cherche la poste. C'est loin?   3. Pardon, pour aller au centre ville, s'il vous plaît?   4. Est-ce qu'il y a une pharmacie près d'ici?   5. Où se trouve l'église Saint-Martin?   6. Quand passe le prochain métro pour la gare?   7. La rue de la Poste, c'est près d'ici?   8. Est-ce qu'il y a un bus pour aller au théâtre?

Übung 3

1. Je fais du cheval depuis cinq ans.   2. Elle fait très bien du ski. 3. Je fais du nordic walking et un peu d'aérobic.   4. Elle joue très bien au tennis.   5. Il fait de la musculation trois fois par semaine.

Übung 4

1. Au petit déjeuner, je ne mange pas beaucoup.   2. Je mange un peu de musli et je bois un verre de jus d'orange.   3. C'est bon pour la santé. 4. Pour le déjeuner, je me prépare quelque chose de simple au micro-ondes.   5. Je ne mange pas de poisson, mais je mange beaucoup de viande.   6. Je ne bois pas beaucoup d'alcool. Je bois de l'eau minérale.   7. Parfois, je bois aussi un peu de bière.

Übung 5

1. Quel âge ont vos enfants? – Ils ont sept et neuf ans.   2. Mon frère vit seul.   3. Il est au chômage et vit de l'aide sociale.   4. Ma fille est souvent chez ses grands-parents. 5. Mon mari fait les courses. 6. Il s'occupe aussi du ménage.

Übung 6

1. A sept heures, j'amène ma fille à la garderie.   2. Notre fils va à une école avec des cours le matin et l'après-midi.   3. Il va à l'école en car. 4. Les cours commencent à huit heures et finissent à quatre heures et demie.   5. Après les cours, il doit attendre son car pendant vingt minutes.   6. Mon mari rentre à cinq heures et demie.

Übung 7

1. Mon fils est architecte. 2. Il travaille 60 heures par semaine.
3. Je suis vendeuse dans un supermarché. 4. J'ai un mini-job. Avec un mini-job, il est très difficile de gagner sa vie. 5. Mon mari est technicien dans une grande entreprise. 6. Il a un horaire de travail irrégulier.

Übung 8

1. Ma femme est au chômage depuis deux ans. 2. Elle ne trouve pas de travail dans son métier. 3. Elle n'a plus de perspective d'avenir.
4. Je suis employé de banque. 5. Mes conditions de travail sont très mauvaises. 6. Pour le même salaire, je dois travailler deux heures de plus.

Übung 9

1. Hier, je suis allé/e au théâtre. 2. Quand j'ai le temps, j'écoute de la musique. 3. Samedi dernier, je suis allé/e regarder une exposition d'art.
4. Est-ce que vous jouez du piano? 5. Je n'ai pas le temps de regarder la télé. 6. Le week-end, je reste à la maison.

Übung 10

1. Quand est-ce que vous partez en vacances? 2. L'année dernière, nous sommes allés à la mer Baltique. 3. Nous sommes partis en train.
4. Nous avons loué un appartement de vacances. 5. L'été dernier, nous avons fait un voyage de dernière minute. 6. Nous avons voyagé en avion en Turquie. 7. Nous avons réservé le voyage en ligne.

Übung 11

1. J'ai une vie très stressante. 2. Je dois faire quelque chose pour diminuer le stress. 3. Je dois faire de la relaxation. 4. Vous faites du yoga? Vous avez suivi un cours de yoga? 5. Je suis trop gros/grosse. Je dois manger moins. 6. J'ai déjà perdu trois kilos.

Übung 12

1. Vous buvez du vin ou de la bière? 2. Je peux aussi vous offrir autre chose. 3. Vous prenez encore un peu de légumes? 4. Vous m'apportez la carte des vins, s'il vous plaît? 5. Vous pouvez nous apporter encore un peu de pain? 6. Vous avez aussi de l'eau minérale gazeuse?
7. Je prends une bouteille d'eau minérale.

Übung 13

1. A l'étranger, les salaires sont plus bas qu'en Allemagne. 2. Le nombre des chômeurs a diminué de trois pour cent. 3. Nous devons travailler jusqu'à 67 ans. 4. Le nombre des retraités augmente de plus en plus. 5. Je dois épargner pour mes vieux jours. 6. Il touche une allocation chômage. 7. La pauvreté parmi les personnes âgées est très élevée.

Übung 14

1. Chacun doit protéger l'environnement. 2. La pollution de l'air a beaucoup diminué. 3. Les rivières sont devenues plus pures. 4. Beaucoup de gens ne peuvent plus payer leurs frais de chauffage. 5. Nous chauffons notre maison à l'énergie solaire. 6. Nous avons réduit notre consommation d'énergie.

Übung 15

1. Je crois qu'elle n'est pas contente de sa vie. 2. Ces informations sont complètement fausses. 3. J'ai travaillé le plus vite possible. 4. Mon fils joue mieux au tennis que moi. 5. Ma fille parle très bien le français. 6. En français, ma fille est meilleure que moi. 7. Il est toujours très agressif. Je ne sais pas pourquoi.

Übung 16

1. Je vous invite au restaurant. – Merci beaucoup pour votre invitation. 2. Elle sait plus que moi. Elle s'intéresse à tout. 3. Il n'a pas de contact avec ses enfants. Je ne le comprends pas. 4. Il y a toujours des conflits entre parents et enfants. 5. Nos enfants viennent régulièrement nous voir. 6. J'ai informé mon fils sur les dangers de l'alcool.

Übung 17

1. L'estomac me fait très mal. 2. Je crois que j'ai la grippe. 3. Vous avez un bon médicament contre la grippe? 4. Vous êtes enrhumé/e? Bon rétablissement! 5. Vous avez bien dormi? Ça va mieux? / Vous allez mieux? 6. J'ai très mal aux dents depuis deux jours. 7. Vous devez aller chez un dentiste.

Übung 18

1. Vous vous êtes cassé la jambe? 2. Vous êtes tombé/e? Comment ça s'est passé? 3. Mon fils a eu un accident de voiture. 4. Il s'est cassé le bras et il est blessé à la tête. 5. Est-ce que l'opération s'est bien passée? 6. Il va déjà mieux.

Übung 19

1. Vous avez encore une chambre à deux lits?   2. Est-ce que la chambre est avec salle de bains?   3. Est-ce que je peux voir la chambre?
4. J'aimerais mieux prendre une autre chambre.   5. Est-ce qu'il y a un ascenseur?   6. Est-ce que je peux vous laisser mes bagages jusqu'à quatre heures?   7. On peut prendre le petit déjeuner jusqu'à quelle heure?

Übung 20

1. Où est-ce que je peux me laver les mains?   2. Il n'y a pas de lumière aux lavabos.   3. Je ne peux pas ouvrir cette porte. / Cette porte ne s'ouvre pas.   4. Est-ce que vous pourriez m'aider, s'il vous plaît?
5. J'aimerais avoir un renseignement.   6. Quelle est la clé pour ouvrir la porte d'entrée?

Übung 21

1. Je me suis acheté un nouvel ordinateur.   2. Je fais du traitement de texte.   3. Je dois encore installer ce programme sur mon P.C. 4. J'ai copié ce fichier sur un CD.   5. Je ne surfe pas beaucoup sur Internet.
6. Mon imprimante laser ne marche plus.   7. Mes enfants jouent tous les jours aux jeux vidéo.

Übung 22

1. J'ai un portable avec un contrat.   2. Vous pouvez aussi me joindre par mon portable.   3. Je vous appellerai la semaine prochaine.
4. Pourriez-vous me donner votre numéro de téléphone?   5. Je lui enverrai un SMS.   6. Vous avez reçu mon fax?

Übung 23

1. Jusqu'il y a trois ans, nous avons vécu à Dortmund.   2. Nous avions un petit logement au centre ville.   3. Notre logement se trouvait au troisième étage.   4. Nos enfants n'avaient pas de place pour jouer.
5. Nous ne pouvions pas être à notre balcon.   6. Le bruit de la circulation était insupportable.   7. Il y a trois ans, nous sommes allés vivre à la campagne.

Übung 24

1. Nous vivons dans un petit village de mille habitants.   2. La vie à la campagne me plaît beaucoup.   3. Nous connaissons beaucoup de gens.
4. Les possibilités d'achat ne sont pas mal.   5. Les cars circulent toutes les heures.   6. Nos enfants ne mettent que vingt minutes pour aller à l'école.

Übung 25

1. Pour aller à la gare, c'est loin à pied?   2. Alors, je vais jusqu'au deuxième feu. Je tourne à gauche.   3. Vous avez une liste des hôtels et restaurants?   4. Pouvez-vous me montrer ça sur ce plan de la ville?   5. A quelle heure commence la visite guidée de la ville?   6. Pourriez-vous m'emmener à l'Hôtel de Ville?   7. J'espère que le beau temps tiendra jusqu'à samedi.

Übung 26

1. J'achète tous mes livres en ligne.   2. Pour moi, il est très pratique de faire les courses.   3. La plupart des magasins sont tout près.   4. Les magasins sont ouverts jusqu'à quelle heure?   5. Je voudrais 300 grammes de cette salade-là.   6. Qu'est-ce que c'est, ce fromage-là? Il paraît très bien.

Übung 27

1. Voici du café? Vous en voulez encore?   2. Vous prenez du lait dans votre café?   3. Vous prenez encore un peu de vin? – Merci, je n'en prends plus.   4. Bon appétit. – Merci, à vous aussi.   5. Mais servez-vous. Vous ne prenez pas de viande? – Si, si.   6. Oh, il est déjà cinq heures et demie. Je dois me dépêcher. Mon train part dans un quart d'heure.

Übung 28

1. Je pensais que vous aviez acheté une nouvelle voiture.   2. Je trouve que c'est beaucoup trop cher. Je n'en ai pas besoin.   3. Tout est devenu plus cher.   4. Je n'ai qu'un billet de 20 €.   5. J'ai dépensé tout mon argent.   6. Ce n'est pas mal de placer son argent dans des actions.

Übung 29

1. Je dois faire le ménage toute seule.   2. Mon mari ne s'occupe pas du ménage.   3. Mon fils ne range jamais sa chambre.   4. S'il faisait son lit, je serais bien contente.   5. Je me lève à six heures et demie.   6. Je n'ai pas le temps de rentrer pour déjeuner.   7. Quand je rentre à dix-huit heures, je prépare le dîner.

Übung 30

1. Mes enfants vont à l'école en car.   2. Les enfants ne connaissent pas les dangers de la circulation.   3. En ville, il faut seulement rouler à 60 km à l'heure.   4. La voiture de mon mari est en panne. Elle est dans un garage.   5. La réparation dure trois jours.   6. Si vous voulez, je vous emmène à la gare.

Übung 31

1. Je ne sais pas à quelle heure le train arrivera. 2. Ce n'est pas vrai ce qu'elle a dit. 3. Je partirai en vacances le 20 juillet. 4. Je prends le bus pour aller en ville. Ça va plus vite. 5. Je ne sais pas encore si j'irai à Paris en avion. 6. Pourriez-vous venir me prendre à l'aéroport?

Übung 32

1. Vous avez déjà écouté la météo? 2. On a dit que demain, il ferait plus de 30 degrés. 3. L'année dernière, en Espagne, nous avons eu un temps super. 4. La météo a annoncé de la tempête pour demain. 5. Il a neigé. Il fait trop froid pour cette saison. 6. J'ai lu qu'à l'avenir, il y aurait de plus en plus de catastrophes naturelles.

Übung 33

1. Je ne crois pas que ce soit vrai. 2. Il est possible que ma fille vienne encore. 3. Je suis content/e qu'elle ait trouvé un nouvel emploi. 4. Je ne crois pas que la politique puisse diminuer le chômage. 5. Il est évident qu'il y aura de plus en plus de personnes dépendantes.

Übung 34

1. C'est dommage que vous ne puissiez pas venir. 2. Je n'aime pas que ma fille aille travailler à l'étranger. 3. C'est bien que vous soyez venu/e. 4. Je me demande pourquoi les jeunes commettent des délits. 5. C'est bien que la police ait arrêté l'assassin. 6. Il est nécessaire que tous les pays luttent contre le terrorisme.

Übung 35

1. Cette fenêtre ne s'ouvre pas. Pourriez-vous m'aider? 2. Est-ce que ça vous dérange que je fume? 3. Pouvez-vous m'expliquer comment il faut faire pour téléphoner? 4. Pourriez-vous me donner votre numéro de portable? Ce serait très gentil. 5. Je peux vous emmener en ville si vous voulez. 6. Je vous serais très reconnaissant/e de m'informer le plus tôt possible.

Übung 36

1. Qu'est-ce qu'on fait ce soir? Qu'est-ce que vous proposez? 2. Je pourrais l'inviter chez moi. Qu'en pensez-vous? 3. Moi, à votre place, je l'inviterais tout de suite. 4. On devrait peut-être encore attendre un peu de temps. 5. Moi, je ne l'appellerais pas. Ça ne sert à rien. 6. Ce n'est pas la peine d'aller voir ce film.

Übung 37

1. Je trouve impossible qu'il ne veuille pas travailler. 2. Ça, je ne comprends pas. 3. Je ne trouve pas bien qu'elle ne fasse rien. 4. Il est bien possible qu'elle soit au chômage. 5. Elle pourrait faire plus pour trouver un nouvel emploi. 6. Je ne crois pas que la situation change.

Übung 38

1. C'est bien que vous soyez là. 2. Je serais heureux/heureuse que vous puissiez venir. 3. C'est dommage que vous n'ayez pas pu venir.
4. Je suis désolé/e que vous soyez venu/e en vain. 5. Je m'inquiète pour mon fils. 6. J'espère qu'il trouvera bientôt un nouvel emploi.
7. Ça s'arrangera. J'en suis sûr/e.

Übung 39

1. Ça n'a rien à voir avec ma profession. 2. C'est facile à expliquer.
3. Le problème est que je n'ai plus son numéro de téléphone.
4. Comment ça se fait qu'il dépense de plus en plus d'argent? 5. C'est un gros problème. Il n'est pas facile à résoudre. 6. Ça ne sert à rien de l'attendre encore plus longtemps.

Übung 40

1. Allô? Bonjour. Ici M. König. C'est bien M. Bobet? 2. Est-ce que je pourrais parler à votre femme? 3. Je rappellerai ce soir. 4. Elle peut aussi me rappeler. 5. Elle peut aussi me joindre par mon portable.
6. Je peux vous donner mon numéro de portable. 7. Votre femme peut me joindre jusqu'à 22 heures.

Grammatisches Register

A

Adjektiv 26f., 32, 41
Adverb 46f.
Adverbialpronomen 71, 76
aller 16, 110
aller + Infinitiv 37
Artikel 9
au, aux 10
aussi ... que 41
avant que 93
avoir 22, 110

B

beau, bel, belle 27
beaucoup 16, 46
Bedingungssatz 81
bestimmter Artikel 9
bien 46
boire 17, 111
bon 41

C

ce que 86
ce qui 86
ce, cet, cette, ces 57
celui, celle 106
ceux, celles 106
conditionnel passé 101
conditionnel présent 56f.
conduire 72, 111
connaître 67, 111
croire 47, 111

D

Datum 87
Demonstrativbegleiter 57

Demonstrativpronomen 106
devoir 42, 111
dès que 107
dire 47, 112
direkte Objektpronomen 36
dont 82
dormir 52, 112
du, de la, de l' 16
du, des 10

E

écrire 57, 112
elle 72
elles 72
en (Adverbialpronomen) 76
en (Mengenangabe) 76
envoyer 62, 112
est-ce que – Frage 10
être 22, 110
eux 72

F

faire 16, 112
falloir 87, 113
finir 21
Frage nach Personen und Sachen 52
Fragesatz 10
futur antérieur 107
futur composé 37
futur simple 61f.
Futur I 61f.
Futur II 107

G

gérondif 101f.
Grundzahlen 11

I

imparfait 66f.
Imperativ 97
Indefinitbegleiter 62
indirekte Frage 86f.
indirekte Objektpronomen 36f.
indirekte Rede 86f.
Interrogativbegleiter 42
Interrogativpronomen 96f.
Intonationsfrage 10
Inversionsfrage 10

K

Komparativ 41
Konditional I 56f.
Konditional II 101

L

le, la, les 9, 36
lequel (Interrogativpronomen) 96f.
lequel (Relativpronomen) 102
leur 36
leur, leurs 20
lire 62, 113
lui 36,72

M

mal 46
mauvais 46
me 36
meilleur 41, 47
le meilleur 41, 47
Mengenangaben 16
mettre 58, 113
mien (le mien) 96
mieux 47
le mieux 47
moi 72

moins 41,47
le moins 41, 47
moins bon 41
moins ... que 41, 47
mon, ma, mes 20

N

ne ... pas 15
ne ... pas de 16
notre, nos 20
nous 36, 72
nouveau, nouvel, nouvelle 27

O

Objektpronomen 36f.
offrir 37, 113
Ordnungszahlen 67
où (Fragewort) 10
où (Relativpronomen) 82
ouvrir 57, 113

P

paraître 73, 114
participe passé 31f.
partir 32, 114
passé composé 31f., 66f.
Passiv 106
Personalpronomen 36f., 72
plaire 68, 114
pleuvoir 88, 114
plus 41, 47
le plus 41, 47
plus ... que 41, 47
plus-que-parfait 77
Possessivbegleiter 20f.
Possessivpronomen 96
pour que 93
pouvoir 27, 114
Präsens 15, 21
prendre 37, 115

Q

qu'est-ce que 52, 86
qu'est-ce qui 52, 86
quand 62, 86, 107
que-Satz 86
que (Fragewort) 52
que (Relativpronomen) 82
quel, quelle 42, 97
qui (Fragewort) 52
qui (Relativpronomen) 82
qui est-ce que 52
quoi (de quoi / à quoi) 52
quoique 93

R

recevoir 63, 115
réduire 42, 115
reflexive Verben 51
Reflexivpronomen 51
Relativpronomen 82, 102

S

sans que 93
savoir 48, 115
se 51
se sentir 52, 115
si (indirekte Frage) 86
si-Satz 81
son, sa, ses 20
sortir 32, 116
souffrir 67, 116
Steigerung des Adjektivs 41
Steigerung des Adverbs 47
subjonctif 91f.
suffire 42, 116
suivre 38, 116
Superlativ 41

T

Teilungsartikel 16

tenir 72, 116
te 36
toi 72
ton, ta, tes 20
tout 62

U

Uhrzeit 77
un, une, des 9
unbestimmter Artikel 9
unregelmäßige Verben 110ff.
unverbundene Personal-
  pronomen 72

V

venir 33, 117
Verben auf -er 15
Verben auf -ir 21
Verben auf -re 21
verbundene Personalpronomen
  36f.
Verneinung 15, 27
vieux, vieil, vieille 27
vite 46
vivre 22, 117
voir 53, 117
votre, vos 20
vouloir 27, 117
vous 36, 72

W

Wortstellung 86

Y

y (Adverbialpronomen) 71
y (Ortsangabe) 71

Z

Zahlen 11, 67

Sachregister

Alterung der Gesellschaft 39, 40
Arbeitslosigkeit 24, 25, 40,
    89, 90
Arbeitsmarkt 24, 25, 39
Arbeitswelt 24, 25
Armut 39, 40, 90
Arztbesuch 49, 50
Ausländer 90
Auto 79, 80

Bahn 84, 85
Begrüßung 7, 8
Beruf 24, 25
Bus 84, 85

Computer 59, 60

Eigenschaften 44, 45
Einkaufen 69, 70
Energie 39, 40
Ernährung 13, 14, 34, 35
Essen 79, 80
Essen und Trinken 13, 14

Familie 18, 19
Fax 59, 60
Finanzen 74, 75
Fitness 13, 14, 34, 35
Flugzeug 84, 85
Freizeit 29, 30

Gastgeber / Gast sein 34, 35,
    74, 75
Geld 74, 75
Geschäfte 8
Gesellschaftliche Probleme 39,
    40, 89, 90
Gesunde Lebensweise 34, 35
Gewalt 89, 90

Handy 59, 60
Haus / Ferienhaus 54, 55
Haushalt 18, 19, 79, 80

Im Hotel 54, 55
Im Restaurant 34, 35
In der Stadt 7, 8, 69, 70
Integration 90

Kinder 18, 19
Kinderbetreuung 18, 19
Kindergarten 18, 19
Kindertagesstätte 18, 19
Klima 84, 85
Kochen 80
Kontakte 44, 45
Krankheit 49, 50
Kulturelles Leben 8

Mahlzeiten 13, 14, 79, 80
Medizin 49, 50
Menschliche Beziehungen 44, 45
Multimedia 59, 60

Ortssuche 7

Persönlichket 44, 45
Pflegeproblematik 89, 90

Reisen 29, 30
Rentenproblematik 39, 89, 90

Schule 18, 19
Sich verabschieden 8
Sport 13, 14

Tägliches Leben 79, 80
Telefon 59, 60
Terrorismus 89, 90

Uhrzeit 7, 77
Umwelt 39, 40
Unfall 49, 50
Unwohlsein 49, 50
Urlaub 29, 30

Verkehr 79, 80
Verkehrsmittel 7, 9, 79, 80,
  84, 85

Wetter 84, 85
Wirtschaft 39
Wohnsituation 64, 65
Wohnung 64, 65

Zusammenleben 18

Sprachkontakte:
  Argumentation 104, 105
  Bedauern 99, 100
  Bitten 94, 95
  Freude 99, 100
  Helfen 94, 95
  Meinung 99, 100
  Raten 94, 95
  Sorge 99, 100
  Stellungnahme 99, 100
  Telefonieren 104, 105
  Vorschlagen 94, 95

Vom gleichen Autor sind in der Buchreihe **smf**
außerdem folgende Titel erschienen:

Richtig Französisch sprechen

*Im persönlichen Gespräch
und am Telefon*

Wortschatz für gutes Französisch

*Wörter, Ausdrücke und Wendungen
für aktuelle Kommunikation und Smalltalk*

Französische Grammatik fürs Sprechen

*Einfach –Praktisch – Effektiv
mit Übungen*

Smalltalk Französisch – einfach & effektiv

*Erfolgreich Kontakte knüpfen
ohne große Vorkenntnisse*

Französisch – Der Fitmacher!

*Trainer für flüssiges Französisch
beim Sprechen und Schreiben*

Mitreden in Französisch

*Aktuelle Themen
aus dem privaten und öffentlichen Bereich*

Französisch – Seine Meinung äußern

Argumentieren – Kommentieren – Diskutieren